さしすせそ

だけでできる

黄金比レシピ

近藤幸子

 ONE PUBLISHING

CONTENTS

はじめに …… 4
調理の前に …… 6

PART 1 「さしすせそ」だけでできる黄金比率

黄金比率 ❶
・やわらかチキンのトマト煮込み …… 9
・豚こまとじゃがいものピリ辛炒め …… 10
・かじきときのこの甘塩ソテー …… 11

黄金比率 ❷
・みそ風味卵あんかけごはん …… 13
・たらとじゃがいもの和風グラタン …… 14
・厚揚げ、豚こま、小松菜のピリ辛みそ炒め …… 15

黄金比率 ❸
・クイック酢豚 …… 17
・豚肉のしょうが焼き …… 18
・親子丼 …… 19

黄金比率 ❹
・里いもとベーコンの炊き込みごはん …… 20
・いかとカラフル野菜のごまあえ …… 20
・玉ねぎ入り牛丼 …… 22

黄金比率 ❺
・鶏とごぼうの照り焼き …… 23
・かれいの煮つけ …… 24

黄金比率 ❻
・マーボーなす …… 26
・鶏肉とかぼちゃの蒸し煮 …… 27
・牛肉ととうもろこしのにんにくみそ炒め …… 27
・ホイコーロー風肉野菜炒め …… 29
・和風ミートローフ …… 30

黄金比率 ❼
・ささみとアスパラのカレーみそ炒め …… 31
・鶏肉とトマトの蒸し煮 …… 31
・肉みそあえ麺 …… 33
・鶏むね肉とねぎの甘みそ炒め …… 34
・豚バラ肉となすの香味みそ炒め …… 34

黄金比率 ❽
・鶏だんごと白菜のさっと煮 …… 36
・たこの混ぜごはん …… 37
・お煮しめ …… 38
・和風オープンオムレツ …… 38

黄金比率 ❾
・ぶりの酢豚風 …… 41
・焼きキャベツのツナだれ …… 41
・豚こまと豆苗のソテー 玉ねぎだれ …… 42
・豚肉とかぼちゃの煮もの …… 43
・えびと春雨のサラダ …… 43

黄金比率 ❿
・ちらし寿司 …… 45
・きゅうり、かぶ、パイナップルの甘酢漬け …… 46
・さわらの塩焼き 香味大根おろし添え …… 46

黄金比率 ⓫
・牛こまとブロッコリーの炒めもの辛子酢みそがけ …… 48
・豚肉、ごぼう、にんじんの酢みそ炒め …… 49
・レンチンむね肉のにら酢みそがけ …… 49

column1 カンタン手作りドレッシング
〈和風ドレッシング〉
・長いも、ちくわ、わかめのサラダ …… 50
・カリカリ油揚げと水菜のサラダ …… 50
〈洋風ドレッシング〉
・トマト、アボカド、モッツァレラのサラダ …… 51
・豚肉とズッキーニのソテードレッシングがけ …… 51
〈中華風ドレッシング〉
・刺し身とベビーリーフのサラダ …… 52
・切り干し大根とにんじんのサラダ …… 52

PART 2 調味料1つでできるコツ

しおだけでラクうま
・ポークソテー カリカリパン粉がけ …… 57
・鶏むね肉の大きなピカタ …… 58
・えびとアスパラのレモンバター炒め …… 59
・鶏もも肉とさつまいもの塩ゆで …… 60

せうゆ（しょうゆ）で香ばしく
・こんがり大根と牛こまの韓国風スープ …… 61
・シンプルフライパンから揚げ …… 63
・豚玉炒め …… 64

みそでコク増し！
・かじきのソテー ピーマンだれ …… 65
・豚バラ肉とかぼちゃのとろみ煮 …… 66
・ちくわときゅうりの四川風炒め …… 67
・豚にら玉みそチャーハン …… 69
・牛肉のみそ炒めと春菊のサラダ …… 70
・豚汁 …… 71
・豚こまとキャベツのしそみそ蒸し煮 …… 72
・大豆とベーコンのみそトマト煮 …… 73

column 2
「さしすせそ」だけで満足鍋もの
・さけとチンゲン菜の豆乳鍋 ... 74
・鶏もも肉とにんじんのレモン蒸し鍋 ... 75
・手羽元とじゃがいものしょうゆバター鍋 ... 76
・せん切りキャベツともやしの豚しゃぶ ... 76

PART 3　3食材で2品献立!

・豚こまとセロリのしょうゆ炒め献立 ... 78
　・豚こまとセロリのしょうゆ炒め
　・きのこのスープ
・鶏もも肉とズッキーニのソテー献立 ... 80
　・鶏もも肉とズッキーニのソテー
　・ミックスビーンズのヨーグルトサラダ
・たらの竜田揚げ献立 ... 82
　・たらの竜田揚げ
　・白菜とにんじんの甘酢漬け
・厚揚げとチンゲン菜の中華煮献立 ... 84
　・厚揚げとチンゲン菜の中華煮
　・パプリカのごま酢みそあえ
・豚肉とにんじんのバター蒸し献立 ... 86
　・豚肉とにんじんのバター蒸し
　・豆苗のコンソメスープ
・合いびき肉とかぶのパスタ献立 ... 88
　・合いびき肉とかぶのパスタ
　・トマトのマリネ
・みそ風味ポークソテー献立 ... 90
　・みそ風味ポークソテー
　・ジンジャーコーンスープ
column 3
もう悩まない、献立の考え方 ... 92

PART 4　食材1つで作る副菜

・ミニトマトのにんにくしょうゆ漬け ... 94
・なすの甘みそ炒め ... 95
・たたききゅうりの中華風 ... 96
・ピーマンのみそディップ ... 97
・いんげんのバターソテー ... 98
・小松菜のみそもみ ... 98
・ブロッコリーのきんぴら ... 99
・炒め大根のスープ ... 100
・玉ねぎの甘酢みそ煮 ... 101
・セロリの甘酢みそあえ ... 102
・ねぎの甘酢くたくた煮 ... 102
・キャベツのナムル ... 103
・白菜のやわらか煮 ... 104
・じゃがいものり塩バター ... 105
・かぼちゃの甘酢煮 ... 106
・もやしのカレーみそ汁 ... 107
・にんじんのおかかみそあえ ... 107
column 4
生野菜の香りを味のアクセントに ... 108

PART 5　「さしすせそ」に+1!

・ささみのマヨ揚げ焼き ... 112
・さけのマヨみそ焼き ... 113
・豚こまとさつまいものみそケチャップ炒め ... 114
・ハッシュドビーフ風 ... 115
・ソース肉じゃが ... 116
・ソース味玉 ... 117
・中華風卵かけごはん ... 117
・たらと小松菜のしょうが風味レンジ蒸し ... 118
・ガイヤーン ... 119
・にんじんのソムタム風 ... 120
・マーボー大根 ... 121
・パプリカとアスパラの焼きびたし ... 122
・チーズタッカルビ ... 123
・サーモンアボカド丼 ... 124
・冷ややっこの小松菜ドレッシングがけ ... 125
索引 ... 126

ふだんのおかずは
「さしすせそ」
さえあれば大丈夫

　酒やみりん、スパイス類。買ってはみたものの、使い切れない調味料がキッチンに眠っていませんか？　私も仕事、家事、育児に忙しく、時間に追われながら料理を作っているとき、ふと思いました。「この料理は本当に酒が必要？」「こしょうはふらなくてもいいのでは？」と。これが「味つけをもっとシンプルにしてみよう」と思ったきっかけです。

　調味料をいろいろ使えば、味に深みが出ると思いがちです。でも、実はそれが失敗のもと。使えば使うほどに味のバランスがとりにくくなり、逆に、調味料の数をしぼったほうが「味が決まらない……」と悩まなくてすむでしょう。

　そこで、基本調味料の「さしすせそ」です。「さ」は砂糖、「し」は塩、「す」は酢、「せ」はせうゆ（しょうゆ）、「そ」はみそのこと。どれもごく基本の調味料で、これらがあれば、毎日のおかず作りに困りません。大切なのは、調味料の組み合わせと量のバランス。これがわかれば、シンプルで飽きのこないおかずを、迷わずに、パパッと作れるようになります。そして、基本調味料のよさを、改めて実感していただけると思います。

さ 砂糖

どの家庭にもある「上白糖」を使っています。甘みをつけるだけでなく、料理に深みとコクを出したり、照りをよくする働きや、食材の水分を保つ効果もあります。煮魚や鶏の照り焼きなどがしっとり、照りよく仕上がるのは砂糖のおかげです。

し 塩

素材のうまみや香りをストレートに楽しめる塩。食材の数が少ないときほど、くっきりとしたうまみを引き出すことができます。おすすめは、塩味がまろやかな「天然塩」「自然塩」と呼ばれるもの。精製塩を使う場合は塩辛くなりやすいので、量を少し控えめに。

す 酢

「米酢」と「穀物酢」が一般的。シンプルな調理でおいしくするには、酸味がまろやかな米酢がおすすめです。肉や魚の臭みを抑えたり、やわらかくする効果があり、加熱すれば適度に酸味がとんでコクとうまみが残ります。酢のものなど副菜作りもおまかせ。

せ せうゆ
（しょうゆ）

香ばしさやコク、食欲をそそる色や照りをつけるなら、やはりしょうゆ。この本では濃口しょうゆを使っています。高価なものでも開封すると酸化しやすく、風味が落ちてしまうので注意。開封後、1か月以内に使い切れる量のものを購入するとよいでしょう。

そ みそ

大豆を発酵させたみそは甘みやうまみが強く、鶏むね肉や白身魚、あっさりした野菜など、淡白な食材もおいしくしてくれます。この本では、どんな料理にも使える信州みそを使用。私は宮城県出身なので、仙台みそのような甘みの少ないみそも使っています。

調理の前に

- 大さじ1＝15㎖、小さじ1＝5㎖、カップ1＝200㎖です。

- 砂糖は上白糖、塩は自然塩や天然塩、酢は米酢、しょうゆは濃口しょうゆ、みそは信州みそです。サラダ油はなたね油、コーン油、米油など、ふだん使っているものをお使いください。

- だし汁は昆布とかつお節でとったものです。市販の和風だしの素を利用しても大丈夫です。

- 食材を洗う、野菜の皮をむく、ヘタを取るなど、基本的な下ごしらえは表記していませんので適宜行ってください。

- 電子レンジの加熱時間は600Wの場合です。ご使用の電子レンジが500Wの場合は1.2倍、700Wの場合は0.8倍の時間を目安にしてください。機種や加熱時の状態により、加熱時間が異なる場合があるので、取扱説明書の指示に従い、様子を見ながら加熱してください。

- フライパンはコーティング加工を施してあるものを使用しています。

計量について

●1/2杯をはかる

粉状の調味料やみそは、1杯をはかってから半分の量を取り除きます。計量スプーンの柄と平行に縦半分にするとはかりやすいです。1/4杯は、1/2量をはかってから真上から見て横に半分を取り除いて。

ちょうど半分のところにすりきり棒などで筋をつけ、片側を静かに取り除く。

液体はスプーンの深さの七分目ぐらいまで入れます。見た目の半分の深さが1/2ではないので注意。目盛りつきの計量スプーンを利用しても便利です。

●1杯をはかる

砂糖、塩、みその場合、計量スプーンで軽くすくい、付属のすりきり棒（スプーンやフォークなどの柄でも）を表面に沿って軽くすべらせ、平らに整える程度にします。

表面を軽く平らにすると、すりきり1杯。押しつけたりしないように注意。

液体の酢やしょうゆは、こぼれる寸前まで入れてOK。横から見ると少し盛り上がっている状態です。

「さしすせそ」だけで
できる味つけ
黄金比率

「砂糖」「塩」「酢」「しょうゆ」「みそ」。
この5種類の基本調味料だけで味つけできる
39品のおかずをご紹介。ポイントは、
調味料の組み合わせと割合。これがわかれば、
塩と砂糖だけだって大満足のおかずが作れ、
家事がラクになること間違いなしです！

さとう
大さじ 1/2

&

しお
小さじ 1/2

砂糖と塩だけのシンプルな組み合わせながら、
あっさりしすぎず、ほどよい塩加減。
その理由は、ちょっと多めの砂糖。甘味をつけるというより、
味をくっきりさせて奥行きを出す効果があります。

砂糖の効果で
肉がやわらかく、
マイルドなトマト味

やわらかチキンの
トマト煮込み

さ
し

材料（2人分）

- 鶏手羽元
　　………4〜5本（300g）
- セロリ…………1/2本
- にんにく…………1かけ
- トマト水煮缶
　　…………1/2缶（200g）
- 砂糖………大さじ1/2
- 塩…………小さじ1/2
- オリーブ油…大さじ1/2
- 水…………カップ1/2

作り方

1 フライパンに鶏手羽元を入れ、砂糖と塩をもみこんで5分ほどおく。

2 セロリは2cm長さに切り、葉はざく切りにする。にんにくは薄切りにする。

3 1に2と残りの材料を加え、トマトをつぶし、ふたをして中火で12分ほど煮る。

Point

味つけはこれだけ！

鶏肉に砂糖と塩をもみこむだけで味つけ完了。フライパンの中でやれば、洗いものも減ってラク。

ごま油の香りと赤とうがらしの辛みが食欲をそそります

豚こまとじゃがいもの
ピリ辛炒め

材料（2人分）

- 豚こま切れ肉⋯⋯⋯⋯⋯200ｇ
- じゃがいも⋯⋯⋯大1個(150ｇ)
- さやいんげん⋯⋯⋯⋯⋯50ｇ
- 砂糖⋯⋯⋯⋯⋯⋯⋯⋯大さじ1/2
- 塩⋯⋯⋯⋯⋯⋯⋯⋯⋯小さじ1/2
- ごま油⋯⋯⋯⋯⋯⋯⋯大さじ1/2
- 赤とうがらし(小口切り)⋯⋯少量

作り方

1 豚肉は大きなものは食べやすく切り、フライパンに入れ、砂糖と塩をもみこんで5分ほどおく。

2 じゃがいもは1㎝角の拍子木切りにしてさっと水にさらし、さやいんげんは5㎝長さに切る。

3 1にごま油、2、赤とうがらしを加え、強めの中火で3〜4分ほど、じゃがいもに箸が通るまで炒める。

魚がパサつかず、しっとりして食べやすい

かじきときのこの 甘塩ソテー

さ
し

材料（2人分）

- かじき……………………2切れ（200ｇ）
- マッシュルーム、しめじ（ほかの好みの きのこでもOK）……………合わせて200g
- にんにく……………………1/2かけ
- 砂糖……………………大さじ1/2
- 塩……………………小さじ1/2
- オリーブ油……………………大さじ1/2
- 粗びき黒こしょう……………適量

作り方

1 かじきは1切れを2〜3つに切り、フライパンに入れ、砂糖と塩をからめて5分ほどおく。

2 マッシュルームは縦半分に切り、しめじは小房に分ける。にんにくは薄切りにする。

3 1に2とオリーブ油を加え、強めの中火で3分ほど焼く。途中で一度かじきを返す。器に盛り、粗びき黒こしょうをふる。

黄金比率
2

しお
小さじ
1/4

&

みそ
大さじ
1

5ml
15ml

塩とみその組み合わせは、ただ塩辛いだけではなく、
うまみが豊富。白身魚や大豆製品など、あっさりした食材と合い、
コクと香りを楽しめる料理が手軽に作れます。

サラッと食べられ、おなかにやさしい

みそ風味卵あんかけごはん

し

そ

材料（2人分）

- 卵·····························2個
- 乾燥カットわかめ··········2g
- 片栗粉··················大さじ1
- Ⓐ 塩······················小さじ1/4
- みそ·····················大さじ1
- おろししょうが·········小さじ1
- 水·················カップ1と1/4
- 温かいごはん·····茶碗2杯分
- 小ねぎ（小口切り）··········3本分

作り方

1 わかめは水に5分ほどつけてもどし、水けをきる。卵は溶きほぐす。片栗粉は水大さじ2（分量外）で溶く。

2 鍋にⒶを入れて沸かし、塩とみそを溶かす。1の水溶き片栗粉を加えてよく混ぜ、とろみをつける。

3 溶き卵を2に回し入れ、大きめのへらなどで底からゆっくり混ぜる。わかめを加え、ひと混ぜする。

4 器にごはんを盛り、3をたっぷりとかけて小ねぎをのせる。

クリーミーな
おいしさに
みそでコクを
プラス

たらとじゃがいもの和風グラタン

材料（2人分）

- 生たら
……2～3切れ（200g）
- じゃがいも
……1個（200g）
- にんにく……1/2かけ
- Ⓐ 塩………小さじ1/4
　 みそ………大さじ1
　 生クリーム
　 ……カップ1/2
- ピザ用チーズ…30g

作り方

1 たらはひと口大に切る。じゃがいもは5㎜幅の半月切りにする（じゃがいものデンプンを利用してとろみをつけるので、水にはさらさない）。にんにくは薄切りにする。

2 Ⓐのみそは水大さじ1で溶き、ほかのⒶの材料と混ぜ合わせる。

3 耐熱皿に1を入れてざっくりと混ぜ、2を回しかけ、200℃に温めたオーブンで20分ほど焼く。

4 じゃがいもに箸を刺してスッと通ったら、チーズを散らし、さらに3分ほど焼く。

し

そ

ほどよい辛さとみそのコクが白ごはんにピッタリ

厚揚げ、豚こま、小松菜の ピリ辛みそ炒め

し

そ

材料（2人分）

- 厚揚げ………1枚（200g）
- 豚こま切れ肉……100g
- 小松菜……………1/2束
- 塩……………小さじ1/4
- みそ……………大さじ1
- ごま油………大さじ1/2
- 赤とうがらし（小口切り）
  ………………………少量

作り方

1 厚揚げは1cm厚さのひと口大に、豚肉は大きければ食べやすく切る。小松菜は5cm長さに切る。みそは水大さじ1で溶く。

2 フライパンを熱してごま油を入れ、豚肉と厚揚げを強めの中火で3分ほど炒める。

3 肉の色が変わったら、1のみそ、塩、赤とうがらしを加えてさっと炒め、最後に小松菜を加えて茎に生っぽさが残る程度に炒める。

さとう
大さじ1

&

せうゆ
（しょうゆ）
大さじ2

しょうが焼き、親子丼、煮豚など、
人気おかずの味つけは、この組み合わせを覚えておくと完璧。
1:2で覚えやすいのもよいところ。煮もの、焼きもののほか、
炊き込みごはんなどの調味にもおすすめです。

にんにく風味の甘辛味は、リピート必至です

クイック煮豚

材料（2人分）

- 豚バラ薄切り肉………250g
- にんにく………………1かけ
- Ⓐ 砂糖…………………大さじ1
- しょうゆ………………大さじ2
- だし汁……………カップ3/4
- 長ねぎ（小口切り）‥1/4本分
- 温泉卵（市販品）…………1個

作り方

1 豚肉は10㎝長さに切る。にんにくは薄切りにする。

2 鍋にⒶを入れて火にかけ、沸騰したら1を加え、肉をほぐしながら中火で3分ほど煮る。

3 器に盛り、長ねぎと温泉卵をのせる。

さ

せ

砂糖１：しょうゆ２の黄金比なら、味がすぐ決まる！

豚肉のしょうが焼き

材料（2人分）

- 豚肩ロース肉
  （しょうが焼き用）……300g
- キャベツ……1/8個
- 小麦粉……大さじ1
- サラダ油……大さじ1
- Ⓐ 砂糖……大さじ1
  しょうゆ……大さじ2
  おろししょうが……小さじ1

作り方

1 キャベツはせん切りにして水にさらし、しっかり水きりする。

2 豚肉をフライパンに入れ、小麦粉をまぶす。サラダ油を回し入れて強めの中火にかけ、肉に火が通って焼き色がつくまで3分ほど焼く。

3 混ぜ合わせたⒶを2に加え、肉にからめながら1分ほど焼く。器に盛り、1を添える。

さ

せ

だしがきいたそば屋さん風の味が手軽に

親子丼

さ

せ

材料（2人分）

- 鶏もも肉⋯⋯1/2枚（150g）
- 玉ねぎ⋯⋯⋯⋯⋯⋯⋯1/2個
- 卵⋯⋯⋯⋯⋯⋯⋯⋯⋯3個
- Ⓐ 砂糖⋯⋯⋯⋯⋯⋯大さじ1
  しょうゆ⋯⋯⋯⋯大さじ2
  だし汁⋯⋯⋯⋯カップ3/4
- 温かいごはん⋯⋯丼2杯分
- みつば（ざく切り）⋯⋯⋯適量

作り方

1 鶏肉は2〜3cm大に切り、玉ねぎは1cm幅のくし形に切る。卵は溶きほぐす。

2 鍋にⒶを入れて火にかけ、沸騰したら鶏肉と玉ねぎを加え、中火にして3分ほど煮る。溶き卵を回し入れ、ふたをして弱火で2分ほど煮る。

3 丼にごはんを盛り、2をのせ、みつばを散らす。

甘辛しょうゆ味とベーコンの
うまみがしみています

里いもとベーコンの
炊き込みごはん

材料（2人分）

- 米‥‥‥‥‥‥‥‥2合
- 里いも‥‥‥‥‥‥150g
- ベーコン（厚切り）‥60g
- 昆布（5×5cm）‥‥1枚
- Ⓐ 砂糖‥‥‥‥‥大さじ1
- しょうゆ‥‥‥大さじ2

作り方

1 米はといで水けをきり、炊飯器に入れ、2合の目盛りに合わせて水加減して30分ほどおく。

2 里いもは小さめのひと口大に切り、ベーコンは1cm幅に切る。昆布はキッチンばさみで1cm角に切る。

3 1にⒶを加えて混ぜ、2を上にのせて炊く。炊き上がったら全体を混ぜる。

さ

せ

このあえ衣の割合を覚えておくと便利

いかとカラフル野菜の
ごまあえ

材料（2人分）

- いか‥‥‥‥‥‥‥‥‥‥‥‥1ぱい（150g）
- 赤パプリカ‥‥‥‥‥‥‥‥‥‥‥‥1個
- ほうれん草‥‥‥‥‥‥‥‥‥‥‥‥1束
- Ⓐ 砂糖‥‥‥‥‥‥‥‥‥‥‥‥‥大さじ1
- しょうゆ‥‥‥‥‥‥‥‥‥‥‥大さじ2
- 白すりごま‥‥‥‥‥‥‥‥‥‥大さじ2

※いかの代わりに同量のシーフードミックスを使ってもOK。

作り方

1 いかは下処理をし、胴は1cm幅の輪切り、足は食べやすく切る。パプリカは縦に8mm幅に切る。

2 鍋に湯を沸かし、いかをさっとゆでてざるにあげる。同じ湯でほうれん草をゆで、水にとって水けをしっかりしぼり、5cm長さに切る。

3 ボウルにⒶを入れて混ぜ、2とパプリカを加えてあえる。

黄金比率

4

さとう
大さじ1と1/2

&

せうゆ
（しょうゆ）
大さじ2

濃厚な甘辛味が好みなら、
砂糖が多めのこちらの組み合わせがおすすめ。
肉も魚もくっきりとした味になり、照りよく仕上げられます。
ごはんがどんどん進むのは必至！

甘めのタレが牛肉にも玉ねぎにもマッチ

玉ねぎ入り牛丼

材料（2人分）

- 牛こま切れ肉…………200g
- 玉ねぎ…………………1/2個
- しょうが………………1/2かけ
- サラダ油………………小さじ1
- Ⓐ 砂糖………大さじ1と1/2
  しょうゆ…………大さじ2
  だし汁…………カップ1/2
- 温かいごはん……丼2杯分
- 小ねぎ(小口切り)……3本分
- 七味とうがらし………適量

作り方

1 玉ねぎは横に1cm幅に切り、しょうがは薄切りにする。

2 フライパンを熱してサラダ油を入れ、牛肉と1を入れ、玉ねぎがしんなりするまで強めの中火で3分ほど炒める。Ⓐを加え、中火で5分ほど煮る。

3 丼にごはんを盛って2をのせ、小ねぎを散らし、七味とうがらしをふる。

さ

せ

こんがり焼いた鶏肉を甘辛ダレでより香ばしく

鶏とごぼうの照り焼き

さ

せ

材料（2人分）

- 鶏もも肉
  ……………大1枚（300g）
- ごぼう………1本（100g）
- ごま油………小さじ1
- 砂糖………大さじ1と1/2
- しょうゆ………大さじ2
- 粉山椒………適量

作り方

1 鶏肉は4等分に切る。ごぼうは縦4つ割りにして5㎝長さに切る。

2 フライパンを熱してごま油を入れ、鶏肉を皮目を下にして入れ、肉の間にごぼうを入れる。耐熱皿などを重石にのせて肉がフライパンに密着するようにし、強めの中火で3分ほど焼く。

3 肉にしっかり焼き色がついたら裏返し、砂糖としょうゆを加え、1〜2分ほどからめる。器に盛り、粉山椒をふる。

香味野菜とごま油で食べやすい、ちょっと中華風の味に

かれいの煮つけ

材料（2人分）

- かれい（切り身）……………2切れ
- A 砂糖……………………大さじ1と1/2
  しょうゆ……………………大さじ2
  水……………………………カップ1
  にんにく（薄切り）………1かけ分
  赤とうがらし（小口切り）
  ……………………………少量
- 長ねぎ………………………5㎝
- ごま油…………………小さじ1

作り方

1 鍋にⒶを入れて火にかけ、沸騰したらかれいを入れ、落としぶた（アルミ箔かクッキングシートでOK）をして8分ほど煮る。

2 長ねぎは縦に切り目を入れて芯を除き、繊維に沿ってせん切りにし、水にさらす。

3 1を器に盛り、2の水けをきって添え、ごま油をたらす。

さ

せ

黄金比率

⑤

せうゆ
（しょうゆ）
大さじ1

&

みそ
大さじ
1/2

いつもはいろいろな調味料を使うマーボーも、
ホッとする味の煮ものも、しょうゆとみそさえあればOK！
野菜の甘みを引き立たせ、
コクと香ばしさを感じる味を楽しめます。

家にある調味料だけで、パパッとできあがり

マーボーなす

材料（2人分）

- なす……………………3本（250g）
- にら………………………1/4束
- 豚ひき肉…………………150g
- ごま油……………………小さじ1
- Ⓐ しょうゆ………………大さじ1
  - みそ……………………大さじ1/2
  - 水………………………カップ1
  - おろしにんにく……小さじ1/2
- 片栗粉……………………大さじ1
- 七味とうがらし、粉山椒
  …………………………各適量

作り方

1 なすは縦半分に切って斜めに1cm幅に切り、水に5分ほどさらして水けをきる。にらは5cm長さに切る。片栗粉は水大さじ1（分量外）で溶く。

2 フライパンを熱してごま油を入れ、豚ひき肉を強めの中火で炒める。肉の色が変わったら、なすを加えて中火にし、少ししんなりするまで2分ほど炒める。

3 Ⓐを加えてみそを溶かし、煮立ったら1の水溶き片栗粉を加えながら全体をよく混ぜ、とろみをつける。にらを加え、ひと煮立ちしたら器に盛り、七味とうがらしと粉山椒をふる。

せ

そ

砂糖を使わなくても、
ほっこりした甘さに

鶏肉とかぼちゃの蒸し煮

材料（2人分）

- 鶏もも肉
  ……………大1枚（300g）
- かぼちゃ………1/8個
- 長ねぎ……………1/2本
- Ⓐ しょうゆ……大さじ1
  みそ……大さじ1/2
- 水…………カップ1/2

作り方

1 鶏肉は8等分に切ってフライパンに入れ、Ⓐをもみこんで5分ほどおく。

2 かぼちゃは8mm厚さに切って1の肉と肉の間に入れ、長ねぎを1cm幅の斜め切りにして上にのせる。

3 水を回し入れ、ふたをして中火で8分蒸し煮にする。

せ

そ

しょうゆとみそだけなのに
味わい豊か

牛肉ととうもろこしの
にんにくみそ炒め

材料（2人分）

- 牛こま切れ肉……200g
- ゆでとうもろこし……1本
- さやいんげん………100g
- にんにく…………1/2かけ
- しょうゆ……………大さじ1
- みそ…………大さじ1/2

作り方

1 とうもろこしは5cm長さに切って粒をそぐ。さやいんげんは5cm長さに切り、にんにくは薄切りにする。

2 みそはしょうゆで溶く。

3 フライパンを熱し、強めの中火で牛肉とにんにくを炒める。肉の色が変わったら2を加えてさっと炒め、とうもろこし、さやいんげんを加え中火で2分ほど炒める。

Point

とうもろこしは寝かせず、立てたほうが安定する。上から下へ粒をそぎ取る。

黄金比率

6

さとう
大さじ1

&

みそ
大さじ2

肉も野菜も食べやすくなる
甘みそ味。甘さは控えめだから、和風をはじめ洋風、中華風にも使えます。
しょうが、ごま油、カレー粉などの香りの食材を組み合わせると、
同じ甘みそ味でも異なるおいしさに。

しょうがが香る甘みそ味。パン粉を混ぜてやわらかく

和風ミートローフ

さ

そ

材料（2人分）

- 鶏ひき肉……………300g
- 卵……………………1個
- 砂糖………………大さじ1
- みそ………………大さじ2
- パン粉……………大さじ4
- おろししょうが…小さじ1
- 白いりごま………大さじ2

作り方

1 ボウルに白ごま以外の材料をすべて入れ、手で粘りが出るまで練り混ぜる。

2 耐熱性のバットなどにオーブン用ペーパーを敷き、1を入れて厚さ1cmぐらいに広げ、白ごまをふる。

3 200℃のオーブンで20分ほど焼く。中心に箸を刺して透明な肉汁が出てきたら焼き上がり（汁が濁っていたら、さらに3分ぐらい焼く）。食べやすく切って器に盛る。

肉はこんがり、
野菜はシャキッと
炒めましょう

ホイコーロー風
肉野菜炒め

材料（2人分）

- 豚バラ薄切り肉
  ……………200g
- キャベツ…1/6個
- にら………1/2束
- Ⓐ 砂糖……大さじ1
  みそ……大さじ2
  ごま油…小さじ1
- 赤とうがらし
  （小口切り）……少量

作り方

1 豚肉は10cm長さに切る。キャベツは4cm四方ぐらいのざく切りにし、にらは5cm長さに切る。Ⓐのみそは水大さじ1で溶いておく。

2 フライパンを熱して豚肉を入れ、強めの中火で3〜4分ほど焼き色がつくまで炒める。Ⓐと赤とうがらしを加え、みその香ばしい香りが立つまで1分ほど炒める。

3 キャベツとにらを加えて2分ほど炒め、少し生っぽい部分が残るぐらいで火を止める。

Point

豚肉は脂が出るまでしっかり炒め、調味料をよくからめてから野菜をプラス。野菜はさっと炒め合わせればOK。

さ

そ

甘みそとカレー粉の組み合わせが、
意外でおいしい

ささみとアスパラの
カレーみそ炒め

材料（2人分）

- ささみ…………3本（200g）
- エリンギ…1パック（100g）
- グリーンアスパラガス
　………………4〜5本（100g）
- にんにく……………1かけ
- バター………………10g
- Ⓐ 砂糖…………大さじ1
　　みそ…………大さじ2
　　カレー粉…小さじ1/2

作り方

1 ささみは3〜4等分のそぎ切りにする。エリンギは長さを半分に切り、食べやすい大きさに手で裂く。アスパラガスは根元のかたい部分を切り落とし、5cm長さに切る。にんにくは薄切りにする。

2 フライパンを熱してバターを溶かし、1を入れ、強めの中火で3〜4分炒める。

3 Ⓐのみそは水大さじ1で溶き、残りのⒶと混ぜ合わせ、2に加えて1分ほど炒める。

さ

そ

肉もトマトもアボカドも、
みそとの相性◎

鶏肉とトマトの
蒸し煮

材料（2人分）

- 鶏もも肉…大1枚（300g）
- トマト………………1個
- アボカド……………1個
- にんにく……………1かけ
- Ⓐ 砂糖…………大さじ1
　　みそ…………大さじ2
- 水………………大さじ4
- オリーブ油……大さじ1/2

作り方

1 鶏肉は6等分に切ってフライパンに入れ、Ⓐをもみ込んで5分ほどおく。

2 トマトは4等分のくし形に、アボカドはひと口大に切る。にんにくは薄切りにする。

3 1の上に2をのせ、水を加え、ふたをして中火で8分蒸し煮にする。火を止め、オリーブ油を回しかける。

黄金比率

7

&

さとう
大さじ1と1/2

みそ
大さじ2

砂糖多めの甘みが強いみそ味は、
しっかりと味をつけたいときにおすすめ。野菜の甘みを引き立て、
料理の照りをよくして食欲をそそる仕上がりになります。
とうがらしや香味野菜で変化をつけても美味。

甘めの肉みそと温泉卵をからめれば、簡単なのに大満足

肉みそあえ麺

さ

そ

材料（2人分）

- 豚ひき肉……………200g
- ピーマン………………2個
- 中華麺…………………2玉
- 温泉卵（市販品）………2個
- Ⓐ 砂糖……大さじ1と1/2
  みそ……………大さじ2
  しょうが（みじん切り）
  ………………1/2かけ分
- ごま油……………小さじ1

作り方

1 ピーマンはせん切りにする。Ⓐのみそは水大さじ1で溶き、ほかのⒶの材料と混ぜ合わせる。

2 フライパンを熱してごま油を入れ、豚ひき肉を強めの中火でほぐしながら炒める。肉の色が変わったら、Ⓐを加えて水分がなくなるまで2分ほど炒め、ピーマンを加えて、さっと炒めて火を止める。

3 中華麺は袋の表示どおりにゆで、流水で洗って水けをしっかりきり、器に盛る。2をのせ、温泉卵を割り落とす。

生の春菊とあえながら
食べるのがおすすめ

鶏むね肉とねぎの
甘みそ炒め

材料（2人分）

- 鶏むね肉…1枚（250g）
- 長ねぎ……………………1本
- 春菊……………………1/2束
- オリーブ油…大さじ1/2
- 砂糖……大さじ1と1/2
- みそ……………………大さじ2

作り方

1 鶏肉は皮を取り、繊維を断つように1cm厚さのそ
ぎ切りにし、長ねぎは3cm長さに切る。春菊は根
元を3cmほど切り落としてから5cm長さに切り、器
に盛っておく。みそは水大さじ1で溶く。

2 フライパンを熱してオリーブ油を入れ、鶏肉と
長ねぎを強めの中火で3分ほど炒める。

3 砂糖、1のみそを加えて2分ほど炒め、
1の春菊の上に盛る。

Point

肉の繊維の向きを確かめて断ち切るように
カットすると、むね肉でもかたくなりにくい。

さ

そ

しょうがとにんにくが
隠し味で、香り抜群

豚バラ肉と
なすの
香味みそ炒め

材料（2人分）

- 豚バラ薄切り肉
  ……………………200g
- なす……………3本
- ごま油
  ………大さじ1/2

A 砂糖……………………大さじ1と1/2
みそ……………………………大さじ2
しょうが（薄切り）………1/2かけ分
にんにく（薄切り）………1/2かけ分
赤とうがらし（小口切り）……少量

作り方

1 豚肉は10cm長さに切る。なすは縦に4つ割りにし、
水に5分ほどさらす。**A**のみそは水大さじ1で溶く。

2 フライパンを熱してごま油を入れ、豚肉となすを強
めの中火で4〜5分ほど、肉から脂が出て、なすが
しんなりするまで炒める。

3 **A**を加え、さらに2分ほど炒める。

黄金比率
8

しお
小さじ
1/2

5ml

さとう
大さじ1

15ml

&

せうゆ
（しょうゆ）
大さじ1

15ml

砂糖としょうゆの甘辛味に、
塩を少し加えて塩味を強調。すると、食材の色を生かして
淡い色に仕上げたい煮ものや、混ぜごはんなどの具の下味つけにピッタリに。
青菜の煮びたしなどもこのたれでどうぞ。

あっさりした
甘辛煮。
鶏だんご作りも
超簡単

鶏だんごと白菜の さっと煮

材料（2人分）

- 鶏ひき肉………200g
- 白菜…………1/8株
- 長ねぎ………1/4本
- 片栗粉…小さじ1/2
- Ⓐ 砂糖、しょうゆ
　………各大さじ1
　塩………小さじ1/2
　水…カップ1と1/2

作り方

1 白菜は3cm幅に切り、長ねぎはみじん切りにする。

2 ボウルに鶏ひき肉、片栗粉、1の長ねぎを入れて練り混ぜる。

3 鍋にⒶと白菜を入れ、2を手で小さめのひと口大にちぎってのせる。ふたをして、中火で12分ほど煮る。

Point

肉は1つ1つ丸めなくて大丈夫。手でちぎるだけでも、だんご状に煮上がる。

たこを甘辛く煮て、炊きたてごはんに混ぜるだけ

たこの混ぜごはん

さ
し
せ

材料（2人分）

- 米⋯⋯⋯⋯⋯⋯⋯⋯⋯⋯2合
- ゆでだこ⋯⋯⋯⋯⋯⋯⋯⋯200g
- しょうが（せん切り）⋯⋯1かけ分
- A 砂糖、しょうゆ⋯⋯各大さじ1
  - 塩⋯⋯⋯⋯⋯⋯⋯⋯小さじ1/2
  - 水⋯⋯⋯⋯⋯⋯⋯⋯⋯大さじ2
- 小ねぎ（小口切り）⋯⋯⋯適量

作り方

1 米は洗い、ざるにあげて水けをきる。炊飯器に入れ、2合の目盛りに合わせて水加減し、30分おいてから炊く。

2 たこは小さめのぶつ切りにし、しょうが、Aとともに鍋に入れ、中火にかけ、沸騰したら火を止める。

3 炊き上がったごはんに2を加え、全体をムラなく混ぜ合わせて5分ほど蒸らす。器に盛り、小ねぎをのせる。

少ない食材で、だしも使わず、
満足の和風味

お煮しめ

材料（2人分）

・高野豆腐……3枚	Ⓐ 砂糖、しょうゆ
・しいたけ……6枚	……各大さじ1
・にんじん……1本	塩………小さじ1/2
	水……カップ1と1/2

作り方

1 高野豆腐は水に10分ほどつけてもどし、水けをしっかりとしぼり、1枚を4等分に切る。しいたけは半分に切り、にんじんは小さめの乱切りにする。

2 鍋にⒶを入れて混ぜ、1を加えてふたをし、中火で8分ほど煮る。

さ
し
せ

具にしっかり味つけするのが
ポイント

和風オープン
オムレツ

材料（2人分）

・卵……5個	・しめじ……1パック
・ひじき（乾燥）……約12g	・サラダ油……大さじ1/2
（もどして約100g）	Ⓐ 砂糖、しょうゆ…各大さじ1
・にんじん……1/2本	塩……小さじ1/2

作り方

1 ひじきは水に10分ほどつけてもどし、水けをしっかりとしぼる。にんじんはスライサーでせん切りにし、しめじは小房に分ける。

2 フライパン（直径18cm）を熱してサラダ油を入れ、1を強めの中火で2分ほど炒め、Ⓐを加えてさっと炒める。

3 卵を溶きほぐして2に流し入れ、半熟状になるまで箸で底から大きく混ぜ、ふたをして弱火で2分ほど蒸し焼きにする。食べやすく切り分ける。

黄金比率 ⑨

さとう 大さじ1

す 大さじ1

15ml
15ml

&

せうゆ（しょうゆ） 大さじ1と1/2

15ml
15ml

酢をプラスするだけで、
甘辛しょうゆ味がぐっと変化。和風だけでなく、中華風やエスニック風の
料理もパパッと作れ、箸がすすむ味になります。
香りのある油や香味野菜を合わせれば、さらに味わい豊かに。

キャベツの甘みが酸味のきいたタレで引き立ちます

焼きキャベツの
ツナだれ

さ

す

せ

材料（2人分）

- キャベツ……………1/4個
- ツナ缶（オイル漬け）…1缶
- 水………………大さじ4
- オリーブ油…大さじ1/2
- Ⓐ 砂糖、酢……各大さじ1
- しょうゆ…大さじ1と1/2

作り方

1 キャベツは芯を切り取り、くし形に半分に切る。

2 フライパンに1を並べて水とオリーブ油を加え、ふたをして中火で5分ほど蒸し焼きにする。

3 ツナは軽く油をきってⒶと混ぜ合わせ、焼き上がった2にかける。

さ

す

せ

タレのまろやかな酸味で、青背魚を食べやすく

ぶりの酢豚風

材料（2人分）

- ぶり…2〜3切れ(200g)
- れんこん……………150g
- 赤パプリカ………1/2個
- しょうが………1/2かけ
- 片栗粉……………大さじ2
- サラダ油………大さじ2
- Ⓐ 砂糖、酢……各大さじ1
  しょうゆ…大さじ1と1/2

作り方

1 ぶりは1切れを3〜4等分ずつに切り、片栗粉をまぶす。れんこんは8mm厚さの半月切りにして水にさっとさらす。パプリカは2cm角に切り、しょうがは薄切りにする。

2 フライパンを熱してサラダ油を入れ、ぶりを強めの中火で2分ほど焼く。れんこん、パプリカ、しょうがを加え、さらに2分ほど焼く。

3 Ⓐを加え、全体にからまったら火を止める。

玉ねぎ入りの甘酢ダレで、肉も生の豆苗もおいしく!

豚こまと豆苗のソテー
玉ねぎだれ

材料(2人分)

- 豚こま切れ肉………200g
- 豆苗………………1パック
- Ⓐ 玉ねぎ……………1/4個
  砂糖、酢………各大さじ1
  しょうゆ……大さじ1と1/2
- ごま油……………大さじ1/2

作り方

1 Ⓐの玉ねぎは薄切りにする。残りのⒶをバットなどに入れて玉ねぎを加え、10分ほどおく。豚肉は大きければ食べやすく切り、豆苗は半分の長さに切る。

2 フライパンを熱してごま油を入れ、豚肉を強めの中火で3〜4分ほど炒める。

3 器に豆苗を広げて盛り、2をのせて1の玉ねぎだれをかける。

さ

す

せ

酢とにんにくが
ほどよくきいています

豚肉とかぼちゃの煮もの

材料（2人分）

- 豚肩ロース肉（しょうが焼き用）……………200g
- かぼちゃ………………………………………1/8個
- にんにく………………………………………1かけ
- Ⓐ 砂糖、酢…………………………………各大さじ1
  しょうゆ……………………………大さじ1と1/2
  水…………………………………………カップ1

作り方

1 豚肉は半分に切る。かぼちゃはひと口大に切り、にんにくは薄切りにする。

2 鍋にかぼちゃを並べて間に豚肉を入れ、にんにくを散らす。Ⓐを加え、クッキングシートを落としぶたにして中火にかけ、かぼちゃに箸がスッと通るまで12分ほど煮る。

うまみがあって、さっぱり。
おつまみにもどうぞ

えびと春雨のサラダ

材料（2人分）

- むきえび……………200g
- 春雨（乾燥）……………40g
- きゅうり……………1/2本
- Ⓐ 砂糖、酢……各大さじ1
  しょうゆ
  ……………大さじ1と1/2
  ごま油……………小さじ1

作り方

1 えびは背ワタがあれば背に切り目を入れて取る。きゅうりは薄い輪切りにする。

2 鍋に湯を沸かし、えびを1分ほどゆでてざるにとる。同じ湯で春雨を3分ほどゆで、湯をきる。

3 ボウルにⒶを混ぜ合わせ、きゅうりと2を加えて全体をムラなく混ぜる。

黄金比率 **10**

しお
小さじ
1/2

5ml

さとう
大さじ1

15ml

&

す
大さじ1

15ml

いわゆる甘酢の組み合わせ。
これを覚えておくと、すしめし作りも酢のもの作りも本当にカンタン！
さっぱりしているから、魚や野菜のおかずはもちろん、
脂っこい肉料理や揚げものなどのたれにも合います。

しらすの塩けがすし酢に合い、新鮮なおいしさ

さ ちらし寿司

材料（2人分）

- 米……………………………1合
- Ⓐ 砂糖、酢………各大さじ1
  - 塩……………………小さじ1/2
- きゅうり…………………1/2本
- モッツァレラチーズ
  ……………………………100g
- しらす干し………………50g
- 青じそ（せん切り）………適量

作り方

1 米は洗って水けをきり、炊飯器に入れ、1合の目盛りに合わせて水加減し、30分おいてから炊く。炊き上がったら、すぐに混ぜ合わせたⒶを加え、しゃもじで底から混ぜる。バットなどに移して広げ、ぬれぶきんをかぶせて人肌になるまで冷ます。

2 きゅうりは薄い輪切りにし、チーズは1cm角に切る。

3 器に1を盛り、きゅうり、チーズ、しらす干しを散らし、青じそをのせる。

パイナップルがアクセントになり、
さわやかなおいしさ

きゅうり、かぶ、パイナップルの甘酢漬け

材料（2人分）

- きゅうり……………1本
- かぶ（葉も使用）……2個
- カットパイナップル
　………………………100g
- ⒜ 砂糖、酢
　　………………各大さじ1
　塩……………小さじ1/2
- 赤とうがらし（小口切り）
　…………………………少量

作り方

1 きゅうりは5〜6mm厚さの斜め切りにする。かぶは葉を切り落として6等分のくし形に切り、葉は5cm長さに切る。パイナップルは小さめのひと口大に切る。

2 ボウルに1、⒜、赤とうがらしを混ぜ合わせ、10分ほどおいて味をなじませる。

さ
し
す

大根おろしに
甘酢と香味野菜をプラス。
魚にも肉にもどうぞ

さわらの塩焼き香味大根おろし添え

材料（2人分）

- さわら…2切れ（200g）
- 大根…………………1/4本
- 小ねぎ………………5本
- ⒜ 砂糖、酢………各大さじ1
　塩…………小さじ1/2
　ごま油、おろししょうが
　………………各小さじ1

作り方

1 さわらは魚焼きグリルで8分ほど焼く。

2 大根はすりおろし、ざるに入れて軽く水けをきり、ボウルに移す。小ねぎを小口切りにして加え、⒜も加えて混ぜ合わせる。

3 器に1を盛り、2を添える。

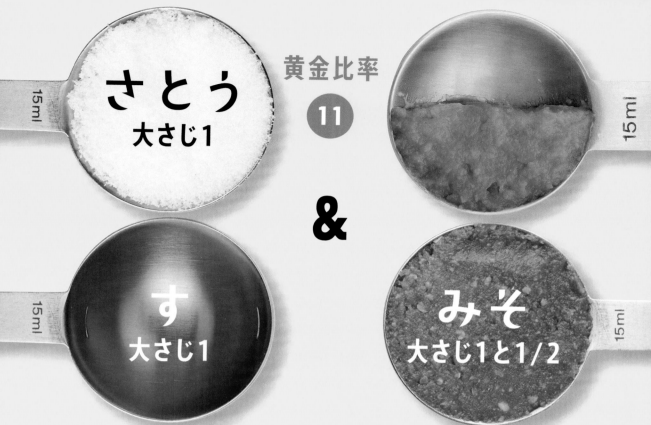

黄金比率 **11**

さとう 大さじ1 & **みそ 大さじ1と1/2**

す 大さじ1

15ml 15ml 15ml 15ml

酢を加えることで、基本調味料を
合わせただけとは思えない、複雑な味が生まれるマジック!
からしやごま油などを加えると、さらにうまみが増し、
ごはんのおかずにも、酒の肴にもよい味がすぐできます。

仕上げにからし酢みそをかけるから、水っぽくなりません

牛こまとブロッコリーの炒めもの からし酢みそがけ

さすそ

材料（2人分）

- 牛こま切れ肉……200g
- ブロッコリー…………1株
- Ⓐ 砂糖、酢……各大さじ1
  - みそ……大さじ1と1/2
  - 練りからし…小さじ1/2
- サラダ油……大さじ1/2

作り方

1 ブロッコリーは小さめの小房に分ける。Ⓐは混ぜ合わせる。

2 フライパンを熱してサラダ油を入れ、牛肉を炒める。肉の色が変わってきたらブロッコリーを加え、中火で3分ほど炒める。

3 器に盛り、Ⓐをかける。

ボリュームがあって食欲をそそる
きんぴら風

豚肉、ごぼう、にんじんの酢みそ炒め

材料（2人分）

- 豚バラ薄切り肉…200g
- ごぼう………………1/2本
- にんじん…………1/2本
- にんにく………1/2かけ
- Ⓐ 砂糖、酢…各大さじ1
  みそ…大さじ1と1/2
- ごま油……大さじ1/2
- 七味とうがらし…適量

作り方

1 豚肉は10cm長さに切る。ごぼうは5mm幅の斜め切り、にんじんは縦半分に切って5mm幅の斜め切り、にんにくは薄切りにする。Ⓐは混ぜ合わせる。

2 フライパンを熱してごま油を入れ、豚肉を強めの中火で炒める。肉の色が変わってきたら、にんにく、ごぼう、にんじんも加え、中火にして3分ほど炒める。

3 Ⓐを加え、1分ほど炒めて全体になじませ、器に盛って七味とうがらしをふる。

さ
す
そ

にらは生でOK。やわらかい
むね肉にたっぷりかけて

レンチンむね肉のにら酢みそがけ

材料（2人分）

- 鶏むね肉
  …1枚（250g）
- にら…1/4束
- 片栗粉
  ……小さじ1/2
- 水…大さじ1/2
- Ⓐ 砂糖、酢…各大さじ1
  みそ…大さじ1と1/2
  ごま油………小さじ1

作り方

1 鶏肉は厚みを半分に切り開き、耐熱皿に入れて片栗粉をまぶす。水をふってラップをふんわりとかけ、電子レンジで3分30秒〜4分加熱し、そのまま5分ほど蒸らす。

2 にらは1cm幅に切り、Ⓐと混ぜ合わせて5分ほどおく。

3 1を食べやすく切って器に盛り、2をかける。

Point

むね肉は全体に片栗粉をまぶしておくと、レンジで加熱してもしっとり。

みそとしょうがの風味がいい！

和風ドレッシング

材料（1回分）と作り方

砂糖大さじ1/2、酢、みそ各大さじ1、おろし
しょうが小さじ1/2を混ぜ合わせ、サラダ油
大さじ1を加えてよく混ぜる。

ドレッシングがよくからみ、ヘルシーなおいしさ

長いも、ちくわ、わかめのサラダ

材料（2人分）

- 長いも……………………150g
- ちくわ……………………2本
- 乾燥カットわかめ…………5g
- 和風ドレッシング………全量

作り方

1 わかめは水につけてもど
し、水けをしっかりきる。ち
くわは輪切りにする。長い
もは皮をむいてポリ袋に
入れ、めん棒などでたたい
てざっくりとつぶす。

2 わかめとちくわを合わせて
器に盛り、上に長いもをの
せ、食べる直前にドレッシ
ングをかける。

油揚げの香ばしさとみそ味が合います

カリカリ油揚げと水菜のサラダ

材料（2人分）

- 油揚げ……………………1枚
- 水菜………………1/4袋（50g）
- 和風ドレッシング………全量

作り方

1 油揚げは魚焼きグリルか
オーブントースターで焼
き色がつくまで4〜5分ほ
ど焼き、ひと口大に切る。
水菜は5cm長さに切る。

2 1をざっくりと合わせて器
に盛り、食べる直前にド
レッシングをかける。

市販のドレッシング
は便利だけれど、味
に飽きてしまったり、
使いきれなかったり。
手作りなら必要な量
だけ作れ、アレンジも
楽しめます。

おろし玉ねぎ入りで、さっぱり

洋風ドレッシング

材料（1回分）と作り方

砂糖大さじ1/2、塩小さじ1/2、酢大さじ1、おろし玉ねぎ1/4個分を混ぜ合わせ、オリーブ油大さじ1を加えてよく混ぜる。

ドレッシングで食材のうまみが引き立つ

トマト、アボカド、モッツァレラのサラダ

材料（2人分）

- トマト……………………………1個
- アボカド………………………1個
- モッツァレラチーズ……………1個（100g）
- 洋風ドレッシング………………全量

作り方

1 トマト、アボカドは2〜3cm角に切る。チーズは手でひと口大にちぎる。

2 1をざっくりと合わせて器に盛り、食べる直前にドレッシングをかける。

肉料理の味つけにも使えます

豚肉とズッキーニのソテードレッシングがけ

材料（2人分）

- 豚厚切り肉（とんかつ用）…2枚
- ズッキーニ…………………1本
- オリーブ油……………小さじ1
- 洋風ドレッシング………全量

作り方

1 豚肉は2cm幅に切る。ズッキーニは縦4つ割りにして5cm長さに切る。

2 フライパンを熱し、オリーブ油を入れて1を並べ入れ、強めの中火で両面を2分ぐらいずつ焼く。

3 器に盛り、ドレッシングをかける。

にんにくとごま油で風味をよく

中華風ドレッシング

材料（作りやすい分量）と作り方

酢、しょうゆ各大さじ1、砂糖大さじ1/2、おろしにんにく小さじ1/2を混ぜ合わせ、ごま油大さじ1を加えてよく混ぜる。

にんにく入りのドレッシングは生魚にもマッチ

刺し身とベビーリーフのサラダ

材料（2人分）

- まぐろ（刺し身。サーモンでも）
  ……………………2人分（150g）
- ベビーリーフ……………………40g
- ブロッコリースプラウト…1パック
- 中華風ドレッシング…………全量

作り方

1 ブロッコリースプラウトは根元を切り落とし、ベビーリーフ、まぐろとざっくり合わせて器に盛る。

2 食べる直前にドレッシングをかける。

食感がよく、ヘルシーなおいしさ

切り干し大根とにんじんのサラダ

材料（2人分）

- 切り干し大根（乾燥）………20 g
- にんじん……………………1/2本
- 中華風ドレッシング………全量

作り方

1 切り干し大根は洗い、水に10分ほどつけてもどし、水けをしっかりしぼる。にんじんはスライサーでせん切りにする。

2 ドレッシングに1を加えて混ぜ、5分ほどなじませる。

調味料1つで
できるコツ

「塩」「しょうゆ」「みそ」。
この3つの調味料のどれか1つだけで、
おいしい料理を作っちゃいましょう！
「もの足りない味にならないの?」なんて心配は無用。
「これでよかったんだ！」と大納得の15品を
さっそく今晩のおかずにどうぞ。

「さしすせそ」のうちそれ1つだけで味つけできるのは、塩味のある「塩」「しょうゆ」「みそ」の3つ。そして、おいしくするコツは2つあり、1つが「主材料と塩分の割合」、もう1つが「食材の組み合わせ」です。

肉や魚だけでおかずを作るなら、塩分量は重量の1%がベスト。塩なら肉100gに対して1g（約小さじ1/4）を加えます。炒め物や煮物では、塩分量は0.6〜0.8%がよいとされ、肉や魚200gと野菜200gに対して、塩を小さじ1/2程度（しょうゆ、みその場合は大さじ1でほぼ同じ塩分量）加えます。この本でもこれを基準にしています。

コツの2つめ「食材の組み合わせ」は「肉や魚のうまみ」と「塩味」に、「甘み」と「香り」を加えること。

甘みのもとになるのは、いもなどの根菜類。香りのもとになるのは、しょうが、にんにくなどの香味野菜、七味とうがらしなどの薬味、セロリ、小松菜などの葉野菜です。これらの要素を組み合わせれば、調味料が1つだけでも奥行きのある味の料理を作ることができます。

いろいろ使わなくてもおいしくできる！
調味料1つで満足おかずを作るコツ

肉や魚のメインおかずが調味料1種類だけでおいしく完成。こんなスゴわざが、「割合」と「組み合わせ」のコツを知れば簡単にできます。

コツ 1 適正な塩分量を覚えましょう

肉または魚 200g ＋野菜200g

に対して

塩小さじ1/2

または

しょうゆ大さじ1

または

みそ大さじ1

コツ ② 「甘み」と「香り」を加えて味わいアップ

うまみのもと

肉、魚、大豆製品など、
うまみ成分を含む
たんぱく質源

＋

塩味のもと

塩、しょうゆ、みそなら、
どれか1種類だけで味つけOK

＋

甘みのもと

さつまいも、じゃがいもなどの
いも類やかぼちゃ、
玉ねぎ、にんじん、大根などの
根菜類を利用

＋

香りのもと

しょうが、にんにく、青じそなどの
香味野菜、
セロリ、小松菜、にらなどの
葉野菜で香りづけ。
七味とうがらし、山椒などの
薬味にも香りあり

おいしく
完成！

しお だけで ラクうま

ひとふりすれば、肉も魚も野菜もおいしくしてくれる塩。
食材の甘みやうまみを引き出したいときに、ピッタリの調味料です。
塩だけで味つけするとスッキリ、さっぱりした味になるので、
「香り」を添えるのがおすすめ。香味野菜や香りのあるオイル、
焼いた香ばしさなどでうまみを添えましょう。

パン粉が
香ばしくて、
塩だけの味つけ
でも大満足！

ポークソテー
カリカリパン粉がけ

材料（2人分）

- 豚厚切り肉
  （とんかつ用）……………2枚
- 塩……………小さじ1/3
- Ⓐ パン粉………大さじ6
  ごま油、黒いりごま
  ……………各小さじ2
  塩……………小さじ1/4
  にんにく（みじん切り）
  ……………1/2かけ分
  七味とうがらし…少量
- サラダ油………小さじ1
- みつば（ざく切り）…適量

し

作り方

1 フライパンにⒶを入れてよく混ぜ合わせ、中火にかけ、混ぜながら茶色に色づくまで3分ほど炒める。

2 豚肉は包丁の背で全体をたたき、塩をふってもみこむ。

3 フライパンを熱してサラダ油を入れ、2を並べ、ふたをして強火にかける。フライパンが熱くなってきたら、強めの中火にして3分ほど蒸し焼きにする。ふたを取り、水分をとばしながら香ばしい色に焼き上げ、裏返してさらに2分ほど焼く。

4 3を食べやすく切って器に盛り、1をのせ、みつばを添える。

Point

**パン粉で
風味をプラス**

パン粉には、塩とともにごま油やにんにくを加え風味をつけます。よく炒めて香ばしさもうまみに。

手間がかからず、お肉がやわらか

鶏むね肉の大きなピカタ

材料（2人分）

- 鶏むね肉
　　　　……1/2枚（180g）
- 卵………………………2個
- 塩………………小さじ1/3
- サラダ油………大さじ1
- 青じそ………………適量

作り方

1 鶏肉は皮を取り、繊維を断ち切るように薄いそぎ切りにする。フライパンに入れ、塩をふって下味をつける。卵は大きめのボウルに溶きほぐす。

2 1のフライパンにサラダ油と鶏肉を入れ、中火で3分ほど、肉にやっと火が通る程度に炒め、1の溶き卵に加える。

3 2をフライパンに流し入れ、卵が半熟状になるまで底から大きくかき混ぜるようにして焼き、ふたをして弱火にし、3分ほど焼く。

4 食べやすい大きさに切り、青じそを添えて器に盛る。

し

レモンも一緒に炒め、ちょっとエスニックな風味に

えびとアスパラの
レモンバター炒め

し

材料（2人分）

- むきえび……………250g
- グリーンアスパラガス
……………………100g
- にんにく………1/2かけ
- レモン（半月切り）…2～3枚
- 塩………………小さじ1/2
- バター……………10g

作り方

1 えびは背に切りこみを入れて背ワタを取り、フライパンに入れて塩をふる。

2 アスパラガスは根元を3cmほど切り落として5cm長さの斜め切り、にんにくは薄切りにする。

3 1のフライパンに2と残りの材料を入れて火にかけ、中火で4～5分ほど、えびに火が通るまで炒める。

塩と水の量、
ゆで時間を
守り、抜群の
塩味＆
ゆで加減に

鶏もも肉とさつまいもの塩ゆで

材料（2人分）

- 鶏もも肉
  ………1枚（250g）
- さつまいも
  ……小1本（150g）
- 水…カップ2と1/2
- 塩…………大さじ1
- オリーブ油
  …………大さじ1/2

作り方

1 鶏肉は1cm幅に切る。さつまいもは皮つきのまま5mm幅の半月切りにする。

2 鍋に水と塩を入れて火にかける。沸騰したらさつまいもを入れ、再び沸騰してから1分ほどゆでてざるにあげる。同じ湯で鶏肉を2分ほどゆで、同じざるにとる。

3 器に2をざっくりと盛り、オリーブ油を回しかける。

Point

湯と塩の割合が大切

湯の量の3％の塩（カップ2と1/2〈500ml〉の場合は15g〈ほぼ大さじ1〉）を加えると、鶏肉もさつまいももちょうどよい塩味にゆで上がる。

し

大根の
香ばしさと塩が、
牛肉のうまみを
引き立てます

こんがり大根と
牛こまの韓国風スープ

し

材 料 (2 人 分)

- 牛こま切れ肉·····················200g
- 大根·································1/3本
- 長ねぎ·······························1/2本
- にんにく、しょうが···········各1かけ
- Ⓐ 塩··································小さじ1
- ごま油····························大さじ1
- Ⓑ 水································カップ3
- 昆布（10㎝角）·····················1枚
- 鶏ガラスープの素······小さじ1/2
- 粗びき黒こしょう·······················適量

作 り 方

1 牛肉は大きければ食べやすく切り、Ⓐをよくもみこんで5分ほどおく。大根は5㎜厚さのいちょう切り、長ねぎは小口切りにし、にんにく、しょうがは薄切りにする。

2 鍋に牛肉、にんにく、しょうがを入れて火にかけ、肉の色が変わるまで炒め、大根とⒷを加える。アクが出てきたらすくい、ふたをして弱めの中火で15分ほど煮る。

3 器に盛り、長ねぎをのせて黒こしょうをふる。

せうゆ（しょうゆ）で香ばしく

しょうゆは和食に欠かせない調味料。
塩味に加えて独特のうまみや甘みがあり、魚や肉の臭み消しもお手のもの。
加熱すると立ち上る香りや、つやのある色も食欲をそそります。
揚げたり、焼いたりしたときの香ばしさ、炒めたときのコク、
煮込んだときの照り。どれもカンタンな調理で楽しむことができます。

しょうゆ味だけで充分！　カラッとさせる揚げ方もポイント

シンプルフライパンから揚げ

材料（2人分）

- 鶏もも肉
　……大1枚（350g）
- Ⓐ しょうゆ
　……大さじ1と1/2
　おろししょうが、
　おろしにんにく
　……各小さじ1/2
- 卵……………1個
- 片栗粉、小麦粉
　………各大さじ2
- 揚げ油………適量
- レモン（くし形切り）
　……………適量

せ

作り方

1 鶏肉は8等分ぐらいに切り、厚い部分には切り込みを入れる。ボウルに入れ、Ⓐを加えてもみこみ、卵を加えて混ぜる。片栗粉と小麦粉を混ぜて加え、ざっくりと混ぜる。

2 フライパンに揚げ油を深さ1cmほど入れ、1をすべて入れてから火にかけ、強めの中火で4分ほど揚げる。ひっくり返して火を止め、そのまま4分ほどおく。

3 再び強めの中火にかけ、衣がしっかりかたくなって香ばしい色になるまで3～4分ほど揚げる。油をきって器に盛り、レモンを添える。

Point

冷たい油に入れて揚げる

から揚げは少ない油で揚げ焼きに。油は温めず、冷たいうちに肉を入れ、最後に高温にすればカラッと揚がる。

長ねぎから甘みと香りが出て、ごはんに合います

豚玉炒め

材料（2人分）

- 豚こま切れ肉……150g
- 長ねぎ……………………1本
- 卵…………………………2個
- ごま油…………大さじ1/2
- しょうゆ…………大さじ1
- 七味とうがらし
  …………………………適量

作り方

1 豚肉は大きければ食べやすく切り、長ねぎは幅1
cmほどの斜め切りにする。卵は溶きほぐす。

2 フライパンを熱してごま油を入れ、豚肉を強めの
中火で3分ほど炒める。肉の脂が出て焼き色がつ
いてきたら、しょうゆを回し入れ、長ねぎを加えて
さっと炒める。

3 溶き卵を回し入れて半熟に炒め合わせ、器に盛
り、七味とうがらしをふる。

せ

しょうゆ味のピーマンだれが、淡白なかじきを満足味に

かじきのソテー
ピーマンだれ

せ

材料（2人分）

- かじき……………………2切れ
- Ⓐ ピーマン………………2個
  長ねぎ………………1/4本
  しょうゆ…………大さじ1
  ごま油………大さじ1/2
- サラダ油……大さじ1/2

作り方

1 Ⓐのピーマンはせん切り、長ねぎは縦半分に切って斜め薄切りにし、ボウルに入れ、しょうゆとごま油を加えて混ぜ、5分ほどおく。

2 かじきは1切れを2〜3等分ずつに切る。フライパンを熱してサラダ油を入れ、中火でめかじきを2分ほど焼き、返して同様に焼く。

3 器に盛り、1をかける。

しょうがで風味づけ。かぼちゃの甘みで自然に甘辛味に

豚バラ肉とかぼちゃの
とろみ煮

材料（2人分）

- 豚バラ薄切り肉
　　　　　　　200g
- かぼちゃ……1/8個
- 片栗粉………大さじ1
- Ⓐ おろししょうが
　　　　　1/2かけ分
　しょうゆ……大さじ1
　だし汁
　　　　カップ1と1/2

作り方

1 豚肉は10cm長さに切り、全体に片栗粉をまぶす。かぼちゃは1cm厚さに切る。

2 鍋にⒶを入れて沸かし、かぼちゃ、豚肉の順に加え、ときどき混ぜながら5分ほど煮る。煮汁にとろみがつき、かぼちゃに箸がスッと通るようになったら火を止める。

Point

とろみづけは簡単

肉に片栗粉をまぶしておくと、煮ているうちに自然にとろみがつく。肉もかたくなりにくい。

せ

66

にんにくと粉山椒でうまみが増し、おつまみに◎

ちくわときゅうりの四川風炒め

せ

材料（2人分）

- ちくわ………………4本
- きゅうり………………2本
- にんにく………1/2かけ
- ごま油………大さじ1/2
- しょうゆ……大さじ1/2
- 粉山椒………………適量

作り方

1 ちくわは1cm幅の斜め切りにし、きゅうりは縦4つ割りにして5cm長さに切る。にんにくは薄切りにする。

2 フライパンを熱し、ごま油と1を入れて強めの中火で2分ほど炒め、しょうゆを回しかける。

3 器に盛り、粉山椒をふる。

みそ で コク増し!

大豆を発酵させたうまみと栄養が詰まったみそ。
香りもコクも十分だから、みそ汁にしか使わないなんてもったいない!
炒めものに使ったり、洋風のおかずの隠し味に加えたりして、
みそのよさを味わい尽くしましょう。
材料になじみやすいように、みそは水で溶いて加えるのがポイントです。

みそをさっと炒めるから、香りがぐんとアップ

豚にら玉みそチャーハン

材料（2人分）

そ

- 豚ひき肉
  ....100g
- にら........1/3束
- 卵.............2個
- 温かいごはん
  ......茶碗2杯分
- みそ
  ...大さじ1と1/2
- ごま油
  ....大さじ1/2

作り方

1 にらは2cm幅に切る。卵は溶きほぐす。みそは水大さじ1で溶く。

2 フライパンを熱してごま油を入れ、溶き卵を半熟状に炒めて取り出す。続けて豚ひき肉を入れ、焼き色がつくまでしっかり炒め、1のみそを加えてさっと炒める。

3 みそが焼けた香ばしい香りがしてきたら、にらを加えてさっと混ぜ、火を止める。2の卵を戻し、ごはんを加えて混ぜ合わせる。

Point

具を炒めたところに温かいごはんを加えて混ぜるだけ。みそが焦げず、ごはんもべチャッとしにくい。

にんにくもきいて、ビールを添えたくなる味わい

牛肉のみそ炒めと
春菜のサラダ

材料（2人分）

- 牛こま切れ肉……………200g
- 春菊……………………1/2束
- トマト……………………1個
- みそ……………大さじ1と1/2
- ごま油……………大さじ1/2
- おろしにんにく……小さじ1
- 赤とうがらし（小口切り）
　………………………少量

作り方

1 春菊は根元を少し切り落とし、5cm長さに切る。トマトは薄い半月切りにする。みそは水大さじ1で溶く。

2 フライパンを熱してごま油を入れ、牛肉を強めの中火で炒める。焼き色がついてきたら、1のみそ、にんにく、赤とうがらしを加え、みそが焼ける香りがするまで炒める。

3 器に春菊とトマトを盛り、2をのせる。

そ

根菜たっぷり！　みそを加えたら煮立たせないように

豚汁

材料（2人分）

- 豚バラ薄切り肉⋯100g
- 大根⋯⋯⋯⋯⋯⋯1/4本
- にんじん⋯⋯⋯⋯⋯1/4本
- しいたけ⋯⋯⋯⋯⋯2枚
- 長ねぎ⋯⋯⋯⋯⋯⋯1/4本
- だし汁⋯⋯⋯⋯⋯カップ2
- みそ⋯⋯⋯大さじ1と1/2

作り方

1 豚肉は5cm長さに切る。大根は7〜8mm厚さのいちょう切り、にんじんは5mm厚さの半月切り、しいたけは薄切り、長ねぎは斜め薄切りにする。

2 鍋にだし汁を入れて沸かし、長ねぎ以外の1を加える。再び沸騰したら中火にし、ふたをして8分ほど煮る。

3 みそを溶き入れ、長ねぎを加え、ひと煮立ちしたら火を止める。

そ

蒸し煮もフライパンでOK。青じそとみそが香ります

豚こまとキャベツの
しそみそ蒸し煮

材料(2人分)

- 豚こま切れ肉……200g
- キャベツ……………1/4個
- 青じそ………………5枚
- みそ……大さじ1と1/2
- 水………………大さじ3

作り方

1 豚肉は大きければ食べやすく切り、フライパンに入れる。みそを水大さじ1(分量外)で溶いて加え、混ぜ合わせて5分ほどおく。

2 キャベツは4等分に切って1にのせ、青じそを1cm幅に切って散らす。

3 分量の水を加え、ふたをして中火で8分ほど蒸し煮する。

そ

和風のみそが洋風煮込みのコクとうまみのもとに！

大豆とベーコンの
みそトマト煮

そ

材料（2人分）

- ゆで大豆‥‥‥‥‥‥‥‥‥‥100g
- ベーコン（厚切り）‥‥‥‥‥‥80g
- トマト水煮缶‥‥‥1/2缶（200g）
- にんにく‥‥‥‥‥‥‥‥‥‥‥1かけ
- みそ‥‥‥‥‥‥‥‥‥‥‥‥大さじ1
- 水‥‥‥‥‥‥‥‥‥‥‥‥‥大さじ3
- オリーブ油‥‥‥‥‥‥大さじ1/2

作り方

1 ベーコンは1cm幅に切り、にんにくは薄切りにする。みそは水大さじ1（分量外）で溶く。

2 鍋に1と残りの材料を入れてふたをし、中火で8分ほど蒸し煮にする。途中で1〜2回、底から混ぜる。

豆乳と相性抜群のみそ味。ラー油をアクセントに

さけとチンゲン菜の豆乳鍋

材料（2人分）

- 生さけ……………………2切れ
- チンゲン菜……………1パック
- 長ねぎ……………………1/2本
- にんにく…………………1かけ
- Ⓐ しょうゆ、みそ…各大さじ1
  顆粒鶏ガラスープの素
  ………………………小さじ1
  水………………………カップ2
- 調整豆乳…………………カップ1
- ラー油…………好みで適量

作り方

1 さけは1切れを2〜3等分に切る。チンゲン菜は葉は5㎝長さに切り、軸は縦に6つ割りにする。長ねぎは5㎝長さに切って縦に6つ割り、にんにくは薄切りにする。

2 鍋にⒶを入れ、沸騰したら1を加え、ふたをして弱めの中火で5分ほど煮る。

3 豆乳を加え、軽く沸騰したら火を止める（煮立たせないように注意）。好みでラー油をかける。

鍋用調味料を用意しなくても大丈夫

「さしすせそ」だけで満足鍋もの

家にある調味料だけで、おいしい鍋が作れるなんて目からウロコ！　必需品と思っていたアノたれ、つゆの素を使うより、食べ飽きない味です。

にんじんが、
いつもよりグンと
甘くて食べやすい

鶏もも肉とにんじんの
レモン蒸し鍋

材料（2人分）

- 鶏もも肉
  ……1枚（250g）
- にんじん
  …大1本（200g）
- にんにく
  ……1/2かけ
- レモン（輪切り）……3枚
- 砂糖……大さじ1/2
- 塩……小さじ1/2
- オリーブ油
  ……大さじ1/2
- 水……カップ1/2

作り方

1 鶏肉は6等分に切り、塩、砂糖をもみこんで5分ほどおく。にんじんはスライサーで細長い薄切りにする。にんにくは薄切りにする。

2 鍋ににんじんを広げて入れ、鶏肉をのせる。にんにく、レモンものせ、水とオリーブ油を加える。中火にかけ、ふたをして8〜10分ほど蒸し煮にする。

香ばしいしょうゆ味と、とろけるバターがたまらない！

手羽元とじゃがいもの
しょうゆバター鍋

材料（2人分）

- 鶏手羽元……400g（6～8本）
- じゃがいも……2個
- エリンギ……1パック
- しょうゆ……大さじ2
- 水……カップ2
- Ⓐ 洋風スープの素（コンソメ）……小さじ1
- こしょう……少量
- バター……10g

作り方

1 手羽元はしょうゆをからめ、5分ほどおいて下味をつける。じゃがいもは1cm厚さの半月切りにする。エリンギは縦に4つ割りにする。

2 鍋に水を沸かし、1（手羽元はしょうゆごと入れる）とⒶを加え、具に火が通るまで煮る。好みで仕上げにバターを追加してもよい。

甘じょっぱくて、さっぱり。
どんどん食べられます

せん切りキャベツと
もやしの豚しゃぶ

材料（2人分）

- 豚しゃぶしゃぶ用肉……200g
- キャベツ……1/4個
- もやし……1袋
- しょうが（せん切り）……1かけ分
- Ⓐ 砂糖……大さじ1
- しょうゆ……大さじ3
- 顆粒鶏ガラスープの素……小さじ1
- 水……カップ3

作り方

1 キャベツはやや太めのせん切りにする。

2 鍋にⒶを入れて沸騰させ、1、もやし、しょうがを1/3ほど入れる。豚肉を1枚ずつ入れ、火が通ったら野菜と一緒に取り分ける。残りも同様にする。好みで粉山椒やゆずのしぼり汁（分量外）を添えてもよい。

3食材で2品献立！

ボリュームも見た目も申し分のない献立を
少ない食材でラクラク調理。
使うものを少なくすれば、おのずと手間も減り、
調理時間をググッと短縮できます。
もちろん、味つけは「さしすせそ」の基本調味料を
中心にして、シンプルに、簡単に。

豚こまとセロリの しょうゆ炒め 献立

セロリを葉まで使った豚こまおかずと、
えのきの甘みを生かしたスープの、
おなかいっぱいになる組み合わせ。

この3食材で!

セロリ

えのきたけ 豚こま切れ肉

味つけはしょうゆだけ。
ごま油でうまみが増します

豚こまとセロリの しょうゆ炒め

材料(2人分)
- 豚こま切れ肉…200g
- セロリ………………1本
- にんにく………1/2かけ
- ごま油………大さじ1/2
- しょうゆ…………大さじ1

作り方

1 豚肉は大きければ食べやすく切り、セロリは茎は1cm幅に切り、葉はざく切りにする。にんにくは薄切りにする。

2 フライパンを熱してごま油を入れ、豚肉とにんにくを炒める。肉の色が変わったらしょうゆを加え、汁けがなくなったらセロリを加えてさっと炒める。

のりで風味をプラス。えのきの食感を楽しんで

きのこのスープ

材料(2人分)
- えのきたけ………100g
- 焼きのり(全形)…1/2枚
- Ⓐ 水…………カップ1と1/2
  顆粒鶏ガラスープの素
  …………………小さじ1/2
  塩……………小さじ1/2

作り方

1 えのきたけは長さを半分に切ってほぐす。

2 鍋にⒶ、1を入れて火にかけ、沸騰してえのきに火が通ったら、焼きのりをちぎって加える。

鶏もも肉と
ズッキーニの
ソテー献立

主菜は焼くだけ、副菜は
あえるだけだから簡単！
おしゃれな仕上がりにも
食欲をそそられます。

この3食材で！

ズッキーニ

鶏もも肉

ミックスビーンズ

塩とともに砂糖をふるから、
色よく焼けます

鶏もも肉と
ズッキーニのソテー

材料（2人分）

- 鶏もも肉……………………1枚
- ズッキーニ…………………1本
- 砂糖………………大さじ1/2
- 塩……………………小さじ1/2
- こしょう……………………少量
- オリーブ油………小さじ1

作り方

1 鶏肉は半分に切り、厚い部分に切り込みを入れて厚みを
そろえる。塩、砂糖、こしょうをふって全体になじませ、5分
ほどおく。ズッキーニは縦4つ割りにして5cm長さに切る。

2 フライパンにオリーブ油を入れ、鶏肉を皮目を下にして並
べ、空いたところにズッキーニを入れる。ふたをして中火に
かけて3分焼き、裏返して2〜3分ぐらい焼く。

にんにくを少し
加えるのが
ポイント

ミックスビーンズの
ヨーグルトサラダ

材料（2人分）

- ミックスビーンズ……………100g
- Ⓐ プレーンヨーグルト…大さじ3
- オリーブ油………………小さじ1
- 塩………………………小さじ1/4
- おろしにんにく……小さじ1/4

作り方

1 ボウルにⒶを入れて混
ぜ合わせ、ミックスビー
ンズを加えてあえる。

たらの竜田揚げ献立

熱々のたらと、ひんやり、さっぱりした
甘酢漬けがグッドバランス。
先に甘酢漬けを作ってから
竜田揚げの調理を。

この3食材で！

白菜

生たら　　にんじん

淡白な白身魚によく合う、
しょうがじょうゆ味

たらの竜田揚げ

材料（2人分）

- 生たら……2～3切れ（200g）
- Ⓐ しょうゆ……………………大さじ1
  おろししょうが
  ……………………………小さじ1/4
- 片栗粉………………………大さじ4
- 揚げ油……………………………適量

作り方

1 たらは1切れを3等分ぐらいずつに切ってバットなどに入れ、Ⓐをからめて5分ほどおき、下味をつける。

2 ポリ袋に片栗粉と1を入れ、空気を入れるようにして口を閉じ、よくふって全体に片栗粉をまぶす。

3 フライパンに揚げ油を深さ3㎝ほど入れ、2を並べ入れる。中火にかけて5分ほど、途中で何度か返しながら揚げ焼きにする。

野菜は生でOK。よくもんで味をなじませましょう

白菜とにんじんの甘酢漬け

材料（2人分）

- 白菜……………………………2枚
- にんじん………………1/3本
- Ⓐ 砂糖、酢……各大さじ1
  塩………………小さじ1/2
  赤とうがらし（小口切り）
  ……………………………少量

作り方

1 白菜は5㎝長さ、1㎝幅の棒状に切る。にんじんは1㎝幅の短冊切りにする。

2 ポリ袋に1とⒶを入れ、しんなりするまで手でもむ。

厚揚げとチンゲン菜の中華煮献立

厚揚げに片栗粉をまぶしておくと、
自然にとろみがついてあんかけ風に。
シャキシャキした食感がいいパプリカの
副菜を添えて。

この3食材で!

赤パプリカ

チンゲン菜

厚揚げ

ごま油風味の甘辛煮。
ごはんにのせても◎

厚揚げとチンゲン菜の中華煮

材料 (2人分)

- 厚揚げ
　………1枚(200g)
- チンゲン菜……1株
- 片栗粉……大さじ1

Ⓐ 砂糖……大さじ1/2
　しょうゆ……大さじ1
　顆粒鶏ガラスープ
　の素……小さじ1/2
　ごま油…大さじ1/2
　水……………カップ1

作り方

1 厚揚げは1cm厚さの食べやすい大きさに切り、片栗粉をまぶす。チンゲン菜は食べやすい長さに切り、根元は6つ割りにする。

2 鍋にⒶを入れて火にかけ、沸騰したら1を加える。へらなどで大きく底からかき混ぜながら、中火で3分ほど、とろみがつくまで煮る。

みそを加えるから、まろやかで食べやすい

パプリカのごま酢みそあえ

材料 (2人分)

- 赤パプリカ………………1個
Ⓐ 酢…………………大さじ1
　砂糖、みそ…各大さじ1/2
　黒いりごま………大さじ1/2

作り方

1 パプリカは長さを半分に切って縦に5mm幅に切る。

2 ボウルにⒶを混ぜ合わせ、1を加えてあえる。

豚肉とにんじんの バター蒸し献立

この3食材で!

にんにくじょうゆとバターの香りが
食欲をそそる豚肉おかず。
メインを作っている間に
スープを仕上げて、熱々をどうぞ。

豚肩ロース肉　にんじん　豆苗

にんじんの甘みを生かし、
塩としょうゆで調味

豚肉とにんじんの バター蒸し

材料（2人分）
- 豚肩ロース肉（しょうが焼き用）
　　　　　　　　　……200g
- にんじん……………1本
- にんにく…………1/2かけ
- 塩…………………小さじ1/4
- しょうゆ………大さじ1/2
- バター…………………10g
- 水………………大さじ4
- 粗びき黒こしょう…適量

作り方

1 豚肉は長さを半分に切ってフライパンに入れ、塩としょうゆをもみこんで5分おく。

2 にんじんは縦半分に切り、2〜3mm厚さの斜め切りにする。にんにくは薄切りにする。

3 1の肉を全体に広げて2を上にのせ、水を加えてバターをのせる。ふたをして中火にかけ、8分蒸し煮にする。器に盛り、粗びき黒こしょうをふる。

仕上げにオリーブ油をひとふり

豆苗のコンソメスープ

材料（2人分）
- 豆苗………1/2パック
Ⓐ 塩…………小さじ1/2
　洋風スープの素
　（コンソメ）…小さじ1/2
　水……カップ1と1/2
- オリーブ油…小さじ1

作り方

1 豆苗は根元を切り落とし、長さを半分に切る。

2 鍋にⒶを入れて火にかけ、沸騰したら1を加え、ひと煮立ちしたら火を止める。器に盛り、オリーブ油をたらす。

合いびき肉とかぶの
パスタ献立

かぶがゴロゴロ入ったパスタは、
主食と主菜を兼ねられるうれしい
ボリューム。甘酸っぱいマリネと
味も彩りもよく合います。

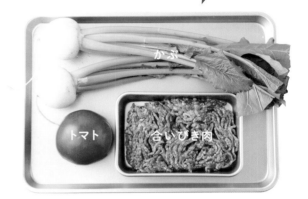

この3食材で！

かぶ
トマト
合いびき肉

しょうゆを隠し味にした、
ちょっと和風のピリ辛パスタ

合いびき肉とかぶの
パスタ

材料（2人分）

- 合いびき肉………200g
- かぶ（葉も含む）……3個
- にんにく…………1かけ
- スパゲッティ……160g
- Ⓐ 塩…………小さじ1/4
  しょうゆ……大さじ1/2
  赤とうがらし
  （小口切り）…………少量
- オリーブ油……大さじ1

作り方

1 かぶは6等分のくし形に切り、葉は5㎝長さに切る。にんにくは薄切にする。

2 フライパンにオリーブ油とにんにくを入れて火にかけ、温まったらひき肉、かぶを加え、肉の色が変わるまで炒める。Ⓐとかぶの葉を加え、さっと炒める。

3 鍋にたっぷりの湯を沸かして塩（分量外。湯の量の約1%）を入れ、スパゲッティを表示時間より1分短くゆでる。ゆで汁大さじ4は取り分ける。

4 2に湯をきったスパゲッティと取り分けたゆで汁を加え、混ぜながら1分ほど炒め合わせる。

砂糖を加えてまろやかに。ミニトマトを使っても

トマトのマリネ

材料（2人分）

- トマト…………1個（200g）
- Ⓐ 砂糖、酢…各大さじ1/2
  塩……………小さじ1/4

作り方

1 トマトはひと口大に切ってボウルに入れ、Ⓐを加えて混ぜ合わせる。

みそ風味ポークソテー献立

ごま油やラー油、しょうがを使った香りと辛さを楽しめる2品。肉はあまりいじらないのが、おいしく焼くコツ。

この3食材で!

豚厚切り肉
クリームコーン缶
さやいんげん

ごま油で香ばしく焼き、
みそ&しょうゆで味つけ

みそ風味ポークソテー

材料（2人分）

- 豚厚切り肉（とんカツ用）……2枚
- さやいんげん……………100g
- Ⓐ しょうゆ、みそ…各大さじ1/2
  水………………………大さじ1
- ごま油……………………大さじ1/2

作り方

1 豚肉は2cm幅に切る。さやいんげんはかたい部分を切り落とす。

2 フライパンを熱してごま油を入れ、1を中火で2分ほど、たまに裏返しながら焼く。

3 Ⓐを混ぜ合わせて2に加え、水分が少なくなるまで2〜3分炒める。

しょうがとラー油で
コーンの甘みが引き立つ！

ジンジャーコーンスープ

材料（2人分）

- クリームコーン缶………1缶（180g）
- Ⓐ おろししょうが…………小さじ1/2
  顆粒鶏ガラスープの素…小さじ1/2
  塩………………………小さじ1/2
  水………………………カップ1
- 片栗粉……小さじ1
- ラー油
  ………好みで少量

作り方

1 鍋にクリームコーン、Ⓐを入れて火にかける。片栗粉は水大さじ1/2（分量外）で溶く。スープが沸騰したら、水溶き片栗粉を加え、よく混ぜながらとろみがつくまで1分ほど煮る。

2 器に盛り、好みでラー油をたらす。

2品でOK！

主菜

＋

副菜

毎日のことだから、「短時間で」「無理なく」作ることを重視した近藤さんの献立。まず、おかずは1〜2品にしぼり、栄養バランスを考えながら肉か魚、数種類の野菜がとれるようにします。使う食材は、数を増やすほどに料理が決まりにくくなり、味のバランスも難しくなるというもの。食材をしぼり、その範囲内で作れる料理を考えたほうが、めんどうがありません。

次に考えるのは、主菜と副菜の味のバランス。甘じょっぱい味や濃いめの味つけの主菜には、酢を使ったさっぱりした副菜を合わせるなど、変化をつけます。また、後片づけをラクにする工夫や、便利食材を常備しておくことなども、献立や料理作りの負担を減らすうえで大切です。

献立作りのポイント3

❶ 主菜と副菜、1〜2品で充分

**❷ 材料は数を絞って
肉か魚＋野菜の3〜4種類**

❸ 主菜と副菜は味つけを変える

これを
押さえておけば
大丈夫！

後片づけを
ラクにする工夫

● 肉や魚の下味つけは、ボウルを
　使わずフライパンや鍋の中で。

● 揚げものの衣づけは、
　洗わなくてよいポリ袋を使って。

常備すると便利な
お助け食材

● ツナなどの缶詰

● ミックスビーンズなどのドライパック

● 切り干し大根などの乾物

column

3

食材は少なく、味はシンプルに

もう悩まない、献立の考え方

家族が喜んで体によく、給食ともかぶらないもの……。考えるほどに悩んでしまう毎日の献立。近藤流に、もっとシンプルに考えてみましょう！

PART

4

食材1つで
作る副菜

用意するものは、野菜1種類だけでOK。
味つけも基本調味料だけで、特別なものを
使わなくたって大丈夫。短時間でパパッと作れて、
何かもう1品ほしいときに役立つもの、
不足しがちな野菜を手軽に、おいしく食べられる
レシピを、ぜひレパートリーに加えてください。

にんにくがほどよく効き、常備菜にもおすすめ

ミニトマトの
にんにく
しょうゆ漬け

＋ さ
せ

材料（2人分）
- ミニトマト………20個（200g）
- にんにく……………1/2かけ
Ⓐ 砂糖、しょうゆ
　………………各大さじ1
　オリーブ油………大さじ1/2

作り方
1 ミニトマトは縦半分に切る。にんにくは薄切りにする。

2 ボウルにⒶを混ぜ合わせ、1を15分ほど漬ける。

じんわり味がしみ込んで、ごはんにピッタリ

なすの 甘みそ炒め

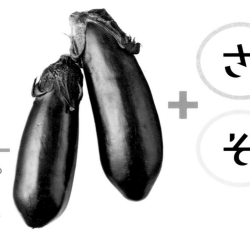

さ
そ
+

材料（2人分）

- なす……………3本
- Ⓐ 砂糖、みそ
  ……………各大さじ1
- 水…………大さじ2
- ごま油…大さじ1

作り方

1 なすは縦半分に切って1cm幅の斜め切りにし、水（分量外）に5分さらす。

2 Ⓐは混ぜ合わせ、水を加えて溶く。

3 フライパンを熱してごま油を入れ、1の水けをきって加え、しんなりするまで強めの中火で炒める。2を加えて煮つめる。

漬けもの感覚で食べられる、にんにく風味のうま塩味

たたききゅうりの中華風

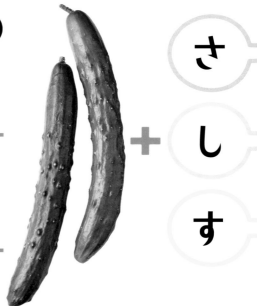

材料（2人分）

- きゅうり……………………2本
- Ⓐ 砂糖、酢……各大さじ1
- 塩……………小さじ1/2
- ごま油…………小さじ1
- 赤とうがらし（小口切り）
  ……………………少量

作り方

1 きゅうりは両端を少し切り落とし、めん棒などでたたいて割れ目を入れ、4等分に切る。

2 ボウルにⒶを混ぜ合わせ、1を加えてあえ、15分ほどおく。

さ
し
す
＋

みその風味でピーマンのクセが抑えられ、
おつまみにおすすめ

ピーマンの
みそディップ

＋ さ そ

材料（2人分）

- ピーマン……………2個
- Ⓐ 砂糖、みそ
  …………各大さじ1/2
  ごま油………小さじ1

作り方

1 ピーマンは縦に1cm幅に切り、器に盛る。

2 Ⓐを混ぜ合わせて1に添え、つけて食べる。

砂糖を少し加えると、
香ばしくてまろやかに

いんげんの
バターソテー

材料（2人分）

● さやいんげん
　　　　　　……100g
● バター………10g
● 砂糖……小さじ1/2
● 塩…………小さじ1/4

さ
し

作り方

1 さやいんげんは5cm長さに切り、フライパンにバターを溶かして中火で炒める。

2 さやいんげんが色鮮やかになったら、塩、砂糖を加え、少し焼き色がつく程度までさらに炒める。

生の小松菜ならではの
甘みを楽しめます

小松菜のみそもみ

材料（2人分）

● 小松菜
　　　　　……2/3束
Ⓐ 塩……小さじ1/4
　みそ
　　　……大さじ1/2
　オリーブ油
　　　……大さじ1/2

し
そ

作り方

1 小松菜は5cm長さに切ってポリ袋に入れる。

2 1にⒶを加え、袋の上から手で軽くもむ。

蒸し焼きにすると早く火が通り、甘くてほっくり

ブロッコリーの
きんぴら

＋ させ

材料（2人分）

- ブロッコリー……1/2株
- 水………………大さじ2
- ごま油…………小さじ1
- 砂糖、しょうゆ
  ……………各大さじ1/2
- 白いりごま………適量

作り方

1 ブロッコリーは小房に分けてフライパンに入れ、水とごま油を加えてふたをする。強火にかけ、湯気が上がったら中火にし、約3分蒸し焼きにする。

2 砂糖、しょうゆを加え、水分をとばしながら炒め、器に盛って白いりごまをふる。

みそとよく合うごま油で具を炒めて、うまみアップ

炒め大根の スープ

材料(2人分)

- 大根…………1/4本
- 大根の葉……少量
- ごま油……小さじ1
- だし汁
  ……カップ1と1/2
- 塩………小さじ1/4
- みそ………大さじ1

作り方

1 大根は皮ごと短冊切りにし、葉は細かく刻む。

2 鍋にごま油を入れて火にかけ、大根をしんなりするまで炒める。だし汁を加え、沸騰したら大根の葉を加える。

3 2に塩、みそを加えて溶かし、ひと煮立ちしたら火を止める。

+ し そ

酸味がとんでまろやか。七味をピリッときかせて

玉ねぎの
甘酢みそ煮

材料（2人分）

- 玉ねぎ……………1個
- Ⓐ 砂糖、酢、みそ
  …………各大さじ1
  水………カップ1/2
- 七味とうがらし
  ………………適量

作り方

1 玉ねぎは縦半分に切り、縦に1cm幅に切る。

2 鍋に1とⒶを入れて火にかけ、中火で玉ねぎがしんなりするまで5分ほど煮る。

3 器に盛り、七味とうがらしをふる。

＋

さ
す
そ

クセがやわらぎ、
セロリがぐんと食べやすく

セロリの
甘酢みそあえ

材料（2人分）

- セロリ
　　　　………………1本
Ⓐ 砂糖、酢、みそ
　　　　……各大さじ1/2

さ
＋
す
そ

作り方

1 セロリは軸を1cm幅の斜め切りにし、葉はざく切りにする。

2 1をポリ袋に入れてⒶを加え、袋の上から手で軽くもむ。

できたてはもちろん、
冷めてもおいしい

ねぎの甘酢
くたくた煮

材料（2人分）

- 長ねぎ………………2本
Ⓐ 砂糖、酢、しょうゆ
　　　　………各大さじ1
水………………カップ1/2
赤とうがらし（小口切り）
　　　　………………少量

さ
＋
す
せ

作り方

1 長ねぎは3cm長さの斜め切りにする。

2 鍋に1とⒶを入れ、ふたをして中火で8分ほど煮る。

レンジで加熱し、熱いうちに味をしみこませて

キャベツの
ナムル

+ し

材料（2人分）

- キャベツ………1/8個
- 塩…………小さじ1/4
- ごま油………小さじ1
- おろしにんにく
  …………小さじ1/4

作り方

1 キャベツは芯を切り取り、3cm四方に切る。

2 耐熱皿に1を広げて入れ、ラップをふんわりとかけ、電子レンジで3分加熱する。

3 2が熱いうちに塩、ごま油、にんにくを加えてあえる。

しょうゆ味にもよく合うオリーブ油で香りづけ

白菜のやわらか煮

材料（2人分）

- 白菜................1/8株（250g）
- 砂糖、しょうゆ
　..................各大さじ1
- 水..................カップ1/2
- オリーブ油
　..................大さじ1/2

作り方

1 白菜は5㎝四方のざく切りにする。

2 鍋に1、水、砂糖、しょうゆを入れ、ふたをして中火にかけ、やわらかくなるまで8分ほど煮る。

3 火を止めてからオリーブ油を回しかける。

＋ さ
　 せ

ホックホクのじゃがバターを塩とのりでよりおいしく!

じゃがいもの
のり塩バター

 ＋ し

材料（2人分）

- じゃがいも……2個（200g）
- 焼きのり……………1/2枚
- 塩………………小さじ1/4
- バター…………………10g

作り方

1 じゃがいもはこすり洗いして1個ずつラップで包み、電子レンジで3分30秒加熱する。そのまま5分ほどおく。

2 1を半分に割り、皮を指でつまんで取り除く。ボウルに入れ、フォークなどで粗くつぶす。

3 ちぎった焼きのり、塩、バターを加えて混ぜる。

酢を加えるから甘すぎず、あっさり

かぼちゃの甘酢煮

材料（2人分）

- かぼちゃ
  ……1/4個（300g）
- ▲ 砂糖、酢
  …………各大さじ1
  塩……小さじ1/2
  水…………カップ1
- 白いりごま
  …………小さじ1

作り方

1 かぼちゃはワタをとり、ひと口大に切る。

2 鍋に ▲ を入れ、かぼちゃを皮を下にして並べ入れ、ふたをして中火で8分ほど煮る。

3 器に盛り、白ごまをふる。

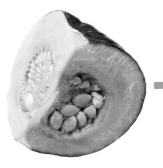

さ
し
す
＋

みそとカレー味は意外に合う！
煮すぎず、香りも食感もよく

もやしの
カレーみそ汁

材料（2人分）

- もやし……………………1/2袋
- Ⓐ しょうゆ、みそ……各大さじ1/2
  だし汁………………カップ1と1/2
- カレー粉……………小さじ1/2

 ＋ せ そ

作り方

1 鍋にⒶともやしを入れて火にかける。

2 沸騰したらカレー粉を加え、ひと煮立ちさせる。器に盛り、好みでカレー粉少量（分量外）をふる。

食べやすくて、箸休めにも、
お弁当のおかずにも◎

にんじんの
おかかみそあえ

材料（2人分）

- にんじん
  ……………………1本
- Ⓐ 砂糖、酢、みそ
  ……………各大さじ1/2
- 削り節…………適量

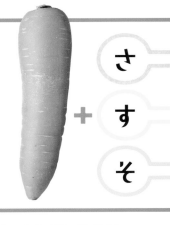 ＋ さ す そ

作り方

1 にんじんはスライサーなどで薄い輪切りにする。

2 ボウルにⒶを混ぜ合わせ、1を加えてあえ、器に盛って削り節をふる。

生野菜の香りを味のアクセントに

「さしすせそ」だけだから、違いがわかる！

生野菜は、
香りのアクセントです

この本で紹介する料理では、スパイス類をほとんど使いません。なんと、こしょうさえも。その代わりに味のアクセントに使っているのが、「生野菜」なんです。

近藤さんいわく、生野菜はたっぷり食べられるハーブのようなもの。臭み消しや香りづけのためにほんの少し加えるスパイスやハーブと違い、おいしく食べられるうえに合わせる肉や魚の味を引き立ててくれます。

特に、にら、ピーマン、小松菜など、ふだん加熱することが多い野菜を生で使うと、いつも以上に素材の香りが楽しめます。調味料を基本のものにしぼると、香りがよりしっかりと伝わり、シンプルなだけじゃない、新しいおいしさを楽しめます。

生の小松菜をソースに

つけ合わせは生の春菊

ピーマンも
生のままたれに

セロリは葉まで
使わないと損！

香りのいい、
にらソース

※すべての野菜が生で食べられるわけではありません。たけのこ、いも類など、加熱が必要な野菜もありますのでご注意ください。

小松菜、にら、ピーマンなどの野菜は、「さしすせそ」で作る料理に欠かせないもの。その理由は、シンプルな味つけに華を添える「香り」です。

PART

5

「さしすせそ」に
+1!

味つけに変化をつけたいときは、
「さしすせそ」以外の調味料を1つだけプラス。
いろいろなものを加えなくても、
ちゃんと洋風や中華風、エスニック風になり、
いつもと違う味を手軽に楽しめます。

おいしさ広がる プラスワン調味料

「さしすせそ」に加えてみよう

基本の調味料にもうひと味加えるなら、おすすめはこの9種類。シンプルな基本の味に甘みやコクが加わって、味に変化が生まれます。

トマトケチャップ

完熟トマトにスパイスや
香味野菜などを加えて煮つめた、
洋食に欠かせない調味料。
実は、しょうゆやみそとも相性がよく、
合わせると味が深まります。

マヨネーズ

卵、油、酢を乳化させて作るマヨネーズも、
しょうゆやみそと合わせやすい調味料。
肉にもみ込んで焼いたり、
混ぜ合わせてボイルした野菜の
ソースなどに使えます。

中濃ソース

揚げものやお好み焼きにかけることが
多い調味料ですが、しょうゆと合わせて
たれにし、煮ものに加えたり、肉や魚を
漬けこんだりするのもおすすめです。

オイスターソース

かきのうまみを凝縮させた
中国料理に欠かせない調味料。
独特の甘みやコクがあり、
しょうゆと合わせて炒めものに使ったり、
卵料理のソースにしたりすると美味。

ナンプラー

魚をたっぷりの塩に漬けて
発酵させるエスニック調味料。
独特の香りと強い塩けが持ち味で、
酢、砂糖、とうがらしの辛みを合わせると
おいしくいただけます。

110

豆板醤

そら豆に塩やとうがらしなどを加えて
発酵させた、中国料理に欠かせない
辛み調味料。
しょうゆなどと合わせて炒めものや
煮ものの味つけに。
たれやソース作りにも便利。

コチュジャン

韓国料理の味つけに使われる、
まろやかな辛み、甘み、うまみがある調味料。
しょうゆ、酢、みそと合わせてもおいしく、
甘辛い味つけを楽しみたいときに
ぴったり。

塩昆布

塩やしょうゆで味つけされた塩昆布。
青菜などのあえもの、混ぜごはん、
卵焼きなどにしょうゆとともに加えると、
ほかの調味料を加えなくても
満足できる味に。

梅干し

おなじみのごはんの友は、炒めものや
煮ものの味つけに、しょうゆなどと合わせて。
酸味が苦手なら、砂糖を
少し加えるとまろやかになります。

これもおすすめ！

さらにアレンジするなら、ごま、七味とうがらし、
練りからし、わさび、粉山椒などを使って。
買い置きもできる調味料が、味に変化をつけてくれます。

特別な調味料を
使わずに、やさしいおうちの味に

ハッシュド
ビーフ風

ケチャップ ＋ せ

材料（2人分）

- 牛こま切れ肉
  ……………150g
- 玉ねぎ………1個
- マッシュルーム
  ……………100g
- にんにく
  ………1/2かけ

Ⓐ しょうゆ
  …………大さじ1
  トマトケチャップ
  …………大さじ2
  水…………カップ1
- 小麦粉……大さじ1
- バター…………20g
- 温かいごはん
  ……………2人分

作り方

1 牛肉は大きければ食べやすい大きさに切り、小麦粉をまぶす。玉ねぎは1cm幅のくし形切り、マッシュルームは5mm厚さに切り、にんにくは薄切りにする。Ⓐは混ぜ合わせる。

2 フライパンを熱してバターと牛肉を入れ、強めの中火で炒める。肉の色が変わったら、玉ねぎとマッシュルーム、にんにくを加え、玉ねぎがしんなりするまで3分ほど炒める。

3 Ⓐを加えて中火にし、ときどき混ぜながら5分ほど煮る。

4 器にごはんを盛り、3をかける。

ケチャップの酸味で甘くなりすぎず、コクが出ます

豚こまとさつまいものみそ ケチャップ炒め

ケチャップ + **そ**

材料（2人分）

- 豚こま切れ肉……200g
- さつまいも…………150g
- 長ねぎ………………1本
- Ⓐ みそ………………大さじ1
  - トマトケチャップ
  ………………大さじ2
  - 水…………………大さじ1
- オリーブ油…大さじ1/2

作り方

1 さつまいもは皮つきのまま1㎝厚さの半月切りにし、水にさっとさらす。耐熱皿に入れてラップをふんわりとかけ、電子レンジで3分加熱する。長ねぎは2㎝幅の斜め切りにし、豚肉は大きければ食べやすく切る。Ⓐは混ぜ合わせる。

2 フライパンを熱してオリーブ油と豚肉を入れ、強めの中火で炒める。肉の色が変わったら、さつまいもと長ねぎを加え、長ねぎがしんなりするまで3分ほど炒める。

3 Ⓐを加え、汁けが少なくなるまで2〜3分炒める。

七味とうがらしも入り、ピリッと香ばしく焼けます

さけのマヨみそ焼き

材料（2人分）

- 生さけ……2切れ（200g）
- しいたけ……………4枚

A 砂糖…………………大さじ1/2
みそ……………………大さじ1
マヨネーズ………………大さじ1
七味とうがらし……………少量

作り方

1 オーブンは200℃に予熱する。さけは1切れを2〜3等分ずつに切る。しいたけは軸を切り落とす。

2 オーブンの天板にオーブン用シートを敷き、さけと裏返したしいたけを並べ、A をよく混ぜて塗る。

3 予熱したオーブンで8分ほど焼く（オーブントースターでもOK。焦げそうなときはアルミ箔をかぶせる）。

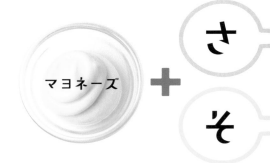

マヨネーズ + さ そ

マヨネーズの効果でかたくならず、箸がすすむ味

ささみの マヨ揚げ焼き

マヨネーズ ＋ し

材料（2人分）

- ささみ……………………200g
- じゃがいも…………1個（150g）
- Ⓐ 塩……………………小さじ1/2
- マヨネーズ……………大さじ1
- おろしにんにく……小さじ1/2
- 小麦粉………………………大さじ4
- サラダ油……………………適量
- ベビーリーフ………………適量

作り方

1 ささみはひと口大のそぎ切りにする。じゃがいもは皮つきのままくし形に切る。

2 ボウルにⒶを混ぜ合わせ、1を加えてからめる。

3 ポリ袋に小麦粉を入れ、2を加え、袋をふって全体に粉をまぶす。

4 フライパンにサラダ油を深さ1㎝ほど入れ、3を並べ入れて火にかける。熱くなったら中火にし、ときどき返しながら6分ほど、香ばしい色になるまで揚げる。器に盛り、ベビーリーフを添える。

スパイシーさが加わって、ごはんはもちろんパンにも合う

ソース肉じゃが

中濃ソース

+

さ

せ

材料（2人分）

- 豚バラ薄切り肉‥‥‥‥‥150g
- じゃがいも‥‥‥‥‥1個（150g）
- にんじん‥‥‥‥‥1/2本（60g）
- 玉ねぎ‥‥‥‥‥1/2個（100g）

Ⓐ 砂糖、しょうゆ
　　　　　　　‥‥‥‥各大さじ1
　中濃ソース‥‥‥‥‥大さじ2
　水‥‥‥‥‥‥‥‥カップ1

作り方

1 豚肉は10cm長さに切る。じゃがいもは大きめのひと口大に切り、にんじんは8mm厚さの半月切り、玉ねぎは2cm幅のくし形に切る。

2 鍋にⒶを混ぜ合わせ、1の野菜を加えて火にかける。煮立ったら豚肉を加えてほぐし、ふたをして中火で12分ほど煮る。

3 じゃがいもに箸がスッと通ったら火を止め、そのまま5分おいて味をしみ込ませる。

ラーメンのトッピングや、
そのままおつまみに

ソース味玉

材料（2人分）

- ゆで卵………4個
- Ⓐ 砂糖、しょうゆ
  ……各大さじ1/2
  中濃ソース
  …………大さじ2
  水…大さじ2〜3
- 小ねぎ(小口切り)
  ………………適量

中濃ソース ＋ さ せ

作り方

1 ポリ袋にⒶを混ぜ合わせ、殻をむいたゆで卵を入れる。袋の中の空気を抜いて口を閉じ、半日ほどおく。

2 器に盛り、小ねぎをのせる。

オイスターソースを
加えるだけで、
いつもよりリッチ

中華風
卵かけごはん

材料（2人分）

- 卵………………2個
- 温かいごはん
  …………茶碗2杯分
- Ⓐ しょうゆ
  …………大さじ1
  オイスターソース
  …………大さじ1

オイスターソース ＋ せ

作り方

1 Ⓐは混ぜ合わせる。

2 器にごはんを1人分ずつよそって卵を割り落とし、1をかける。

中華風のこってり味で、たらにしっかりうまみづけ

たらと小松菜の
しょうが風味レンジ蒸し

材料(2人分)

- 生たら
  ……2～3切れ(200g)
- 小松菜…………1/2束
- Ⓐ しょうゆ…大さじ1/2
  オイスターソース
  ……………大さじ1
  おろししょうが
  ……………小さじ1/2

作り方

1 たらは1切れを半分ずつに切り、耐熱容器に並べ、混ぜ合わせたⒶをかけてからめる。

2 小松菜は5cm長さに切って1の上に広げ、ラップをふんわりとかけ、電子レンジで5分ほど加熱する。

オイスター
ソース

＋

せ

ナンプラーを使って
漬けて焼くだけで手軽にエスニック

ガイヤーン

ナンプラー + さ せ

材料（2人分）

- 鶏手羽先⋯⋯⋯6本（350g）
- Ⓐ 砂糖⋯⋯⋯⋯⋯大さじ1/2
  - しょうゆ⋯⋯⋯⋯大さじ1
  - ナンプラー⋯⋯⋯大さじ1
  - こしょう⋯⋯⋯⋯⋯少量
  - おろしにんにく
  - ⋯⋯⋯⋯⋯⋯⋯小さじ1
- パクチー（ざく切り）⋯⋯適量
- レモン（くし形切り）⋯2切れ

作り方

1 オーブンを200℃に予熱する。ボウルにⒶを混ぜ合わせ、手羽先を加えて10分ほど漬ける。

2 天板にオーブン用シートを敷いて手羽先を並べ、200℃で15分ほど焼く。途中で2回ほど、1のたれの残りを手羽先の表面に塗る。

3 器に盛り、パクチーとレモンを添える。

ナンプラーと生のままのいんげんが味の決め手

にんじんのソムタム風

材料（2人分）

- にんじん……………………1本
- ミニトマト……………………6個
- さやいんげん…………………3本
- にんにく………………1/2かけ
- バターピーナッツ……大さじ1

Ⓐ 砂糖、酢…………各大さじ1
ナンプラー…………大さじ1
赤とうがらし（小口切り）
………………………少量

作り方

1 にんじんはスライサーでせん切りにする。ミニトマトは半分に切り、さやいんげんは斜め薄切り、にんにくはみじん切りにする。ピーナッツは粗く刻む。

2 ボウルにⒶを混ぜ合わせ、1を加えてあえ、5分ほどおく。

ナンプラー ＋ さ す

ふだん使いの調味料＋
豆板醤で、ピリッとおいしい

マーボー大根

豆板醤 ＋ さ
せ

材料（2人分）

- 豚ひき肉‥‥‥‥‥‥‥‥150g
- 大根‥‥‥‥‥‥1/4本（250g）
- にら‥‥‥‥‥‥‥‥‥‥1/4束
- おろしにんにく、おろししょうが
  ‥‥‥‥‥‥‥‥‥‥各小さじ1/2
- Ⓐ 砂糖‥‥‥‥‥‥‥‥大さじ1/2
  しょうゆ‥‥‥‥‥‥‥大さじ1
  豆板醤‥‥‥‥‥‥‥小さじ1/2
  顆粒鶏ガラスープの素
  ‥‥‥‥‥‥‥‥‥‥小さじ1/2
  水‥‥‥‥‥‥‥‥‥カップ3/4
- ごま油‥‥‥‥‥‥‥‥大さじ1/2
- 片栗粉‥‥‥‥‥‥‥‥大さじ1/2

作り方

1 大根は1〜2㎝の角切りにし、にらは3㎝長さに切る。Ⓐは混ぜ合わせる。片栗粉は水大さじ1（分量外）で溶く。

2 フライパンを熱してごま油を入れ、豚ひき肉、おろしにんにく、おろししょうがを加え、強めの中火で肉の色が変わるまで炒める。

3 大根を加えてさっと炒め、Ⓐを加え、中火で3分ほど煮る。1の水溶き片栗粉を加えてとろみをつけ、にらを入れてさっとひと煮立ちさせる。

うま辛味の漬けだれで、野菜の甘みが引き立つ!

パプリカとアスパラの焼きびたし

さ

す

せ

材料（2人分）

- 赤パプリカ…………1個
- グリーンアスパラガス
  …………………8本
- オリーブ油………小さじ1
- Ⓐ 砂糖、酢
  …………各大さじ1/2
  しょうゆ………大さじ1
  豆板醤………小さじ1/2
  水…………カップ1/4

作り方

1 パプリカはひと口大の乱切りにし、アスパラガスは根元を3cmほど切り落として5cm長さに切る。

豆板醤

2 1にオリーブ油をからめ、アルミ箔にのせてトースターで5分ほど焼く。

3 ボウルなどにⒶを混ぜ合わせ、2を熱いうちに漬けて5分ほどなじませる。

コチュジャンを
加えると、たちまち本格的！

チーズタッカルビ

材料（2人分）

- 鶏もも肉
  ………………1枚（250g）
- キャベツ………1/8個
- 玉ねぎ…………1/2個

Ⓐ おろしにんにく……小さじ1
砂糖………………大さじ1/2
しょうゆ……………大さじ1
コチュジャン………大さじ2
ごま油………………大さじ1/2

- 水……大さじ3
- ピザ用チーズ
  …………………60g

コチュジャン ＋ さ
せ

作り方

1 鶏肉はひと口大に切ってフライパンに入れ、Ⓐを加えてもみこむ。

2 キャベツは3cm角のざく切りにし、玉ねぎは1cm幅のくし形に切る。

3 1に2と水を加え、ふたをして中火にかけ、8分ほど蒸し焼きにする。途中で1〜2度底から混ぜる。

4 3の中央にチーズをのせて再びふたをし、チーズが溶けるまで2分ほど蒸し焼きにする。

塩昆布で味が引き締まり、うまみもアップ！

サーモンアボカド丼

材料（2人分）

- サーモン（刺し身）⋯⋯⋯⋯200g
- アボカド⋯⋯⋯⋯⋯⋯⋯⋯1/2個
- 温かいごはん⋯⋯⋯⋯丼2杯分

Ⓐ 砂糖⋯⋯⋯⋯⋯⋯大さじ1
　しょうゆ⋯⋯⋯⋯大さじ2
　塩昆布⋯⋯⋯⋯⋯大さじ1
- 卵黄⋯⋯⋯⋯⋯⋯⋯⋯2個

作り方

1 アボカドは縦半分に切って種と皮を除き、横に7mm幅に切る。サーモンはⒶを加えて混ぜ、5分ほどおく。

2 丼にごはんを盛って1をのせ、中央に卵黄をのせる。

塩昆布 ＋ させ

シャキシャキの生の小松菜と梅干しで豆腐にうまみを

冷ややっこの小松菜
ドレッシングがけ

材料（2人分）

- 木綿豆腐……………小1丁
- 小松菜………………1/2束
- Ⓐ 砂糖……………大さじ1/2
  しょうゆ…………大さじ1
  オリーブ油………大さじ1
  梅干し（手でちぎる）……1個

作り方

1 小松菜は1cm幅に切り、Ⓐ と混ぜ合わせて10分ほど おく。

2 豆腐は食べやすく切って 器に盛り、1をのせる。

梅干し

＋

さ
せ

索引

この本の中に出てくる主な食材別になっています。

【肉類】

鶏むね肉
- 鶏むね肉とねぎの甘みそ炒め 34
- 豚こまとじゃがいものピリ辛炒め 49
- レンチンむね肉のにら酢みそがけ 66
- 鶏むね肉の大きなピカタ 71
- ソース肉じゃが 76

鶏もも肉
- 親子丼 19
- 鶏とごぼうの照り焼き 23
- 鶏とかぼちゃの蒸し煮 27
- 鶏とトマトの蒸し煮 31
- 鶏もも肉とさつまいもの塩ゆで 34
- シンプルフライパンから揚げ 49
- 鶏もも肉とにんじんの
- レモン蒸し煮 58
- 鶏もも肉とズッキーニのソテー 60
- チーズタッカルビ 63

ささみ
- ささみとアスパラのカレーみそ炒め 75
- ささみのマヨ揚げ焼き 80
- 鶏手羽先 123

鶏手羽先
- ガイヤーン 31

鶏手羽元
- やわらかチキンのトマト煮込み 115
- 手羽元とじゃがいもの 119
- しょうゆバター鍋 9

【鶏肉】

豚肉
- 豚薄切り肉、しゃぶしゃぶ用肉 76
- クイック煮豚 17
- ホイコーロー風肉野菜炒め 30
- 豚バラ肉となすの香味みそ炒め 34
- 豚肉、ごぼう、にんじんの
- 酢みそ炒め 49
- 豚バラ肉とかぼちゃのとろみ煮 66
- 豚汁 71
- せん切りキャベツともやしの豚しゃぶ 76

豚こま切れ肉
- 厚揚げ、豚こま、小松菜の
- ピリ辛みそ炒め 10
- 豚こまとじゃがいものピリ辛炒め 15
- 豚こまと豆苗のソテー 玉ねぎだれ 42
- 豚玉炒め 64
- 豚こまとトマトのソテー 72
- 豚こまとキャベツのしそみそ 78
- 蒸し煮 113
- 豚こまとセロリのしょうゆ炒め 18
- 豚こまとさつまいもの 43
- みそケチャップ炒め 86
- 豚しょうが焼き用肉
- 豚肉のしょうが焼き
- 豚肉とかぼちゃの煮もの
- 豚肉とにんじんのバター蒸し

豚とんカツ用肉
- ポークソテー カリカリパン粉がけ 51
- 豚肉とズッキーニのソテー 57
- ドレッシングがけ 90
- みそ風味ポークソテー

牛肉
- 玉ねぎ入り牛丼 22
- 牛肉ととうもろこしの 27
- にんにくみそ炒め 61
- 牛こまとブロッコリーの炒めもの 70
- 辛子酢みそがけ 112
- こんがり大根と牛こまの
- 韓国風スープ
- 牛肉のみそ炒めと春菊のサラダ
- ハッシュドビーフ風

ひき肉
- 鶏ひき肉 29
- 和風ミートローフ 36
- 鶏だんごと白菜のさっと煮 26
- 豚ひき肉
- マーボーなす

【魚介類】

いか
- いかとカラフル野菜のごまあえ 20

えび
- えびと春雨のサラダ 43
- えびとアスパラのレモンバター炒め 59
- かじきときのこの甘塩ソテー 11
- かじきのソテー ピーマンだれ 65

かじき

かれい
- かれいの煮つけ 24

さけ
- さけとチンゲン菜の豆乳鍋 74
- さけのマヨみそ焼き 114

さわら
- さわらの塩焼き 46
- 香味大根おろし添え 45

しらす干し
- ちらし寿司 37

たこ
- たこの混ぜごはん 45

たら
- たらとじゃがいもの和風グラタン 14
- たらの竜田揚げ 82

【肉加工品】

ベーコン
- 里いもとベーコンの炊き込みごはん 20
- 大豆とベーコンのみそトマト煮 73

まぐろ
- 刺し身と野菜の酢豚風 88
- ぶりの酢豚風 41

ぶり
- たらと小松菜のしょうが風味 118
- レンジ蒸し

ちくわ
- ちくわときゅうりの四川風炒め 52
- ちくわときゅうり、わかめのサラダ 50

ツナ缶
- 焼きキャベツのツナだれ 40

【魚加工品】

【卵】
- 親子丼 13
- みそ風味卵あんかけごはん 19
- 和風オープンオムレツ 29
- 鶏むね肉の大きなピカタ 38
- 豚玉炒め 58
- 豚にら玉みそチャーハン 64
- ソース味玉 69
- 中華風卵かけごはん 117
- 和風オープンオムレツ 117

【野菜類】

アスパラガス
- ささみとアスパラのカレーみそ炒め 31
- えびとアスパラのレモンバター炒め 59
- パプリカとアスパラの焼きびたし 122

アボカド
- トマト、アボカド、モッツァレラの 51
- 鶏肉とトマトの蒸し煮 124
- サラダ
- サーモンアボカド丼

【きのこ類】
- えのきだけ 79
- きのこのスープ
- エリンギ
- ささみとアスパラのカレーみそ炒め 31
- しめじ
- 手羽元とじゃがいもの 76
- しょうゆバター鍋
- さけのマヨみそ焼き 58
- しいたけ 38
- お煮しめ 19
- 豚汁 64
- かじきときのこの甘塩ソテー 38
- 和風オープンオムレツ 71
- マッシュルーム 114
- かじきときのこの甘塩ソテー

かぶ
- きゅうり、かぶ、パイナップルの 46
- 甘酢漬け 88
- 合いびき肉とかぶのパスタ

かぼちゃ
- 鶏とかぼちゃの蒸し煮 27
- 豚肉とかぼちゃの煮もの 43
- 豚バラ肉とかぼちゃのとろみ煮 66
- かぼちゃの甘酢煮 106

きゅうり
- ちらし寿司 43
- えびと春雨のサラダ 45
- キャベツのナムル 72
- せん切りキャベツともやしの豚しゃぶ 76
- チーズタッカルビ 103
- 焼きキャベツのツナだれ 123

キャベツ
- ハッシュドビーフ風 11
- 和風オープンオムレツ 38
- ホイコーロー風肉野菜炒め 30
- 豚こまとキャベツのしそみそ蒸し煮 72
- せん切りキャベツともやしの豚しゃぶ 112

【野菜】

きゅうり
- きゅうり、かぶ、パイナップルの甘酢漬け　46
- ちくわときゅうりのドレッシング漬け　67
- たたききゅうりの中華風　96

ごぼう
- 鶏とごぼうの照り焼き　23
- 豚肉、ごぼう、にんじんの酢みそ炒め　49

小松菜
- 厚揚げ、豚こま、小松菜のピリ辛みそ炒め　15
- 小松菜のみそもみ　98
- たらと小松菜のしょうが風味レンジ蒸し　118
- 冷ややっこ　小松菜ドレッシングがけ　125

さつまいも
- 鶏もも肉とさつまいもの塩ゆで　60
- 豚こまとさつまいものみそケチャップ炒め　113

里いも
- 里いもとベーコンの炊き込みごはん　20

さやいんげん
- 豚こまといんげんのピリ辛炒め　10
- いんげんのバターソテー　14

じゃがいも
- 豚こまとじゃがいものピリ辛炒め　10
- にんにくみそ炒め　27
- 牛肉とじゃがいものピリ辛炒め　76
- たらとじゃがいもの和風グラタン　90
- 手羽元とじゃがいものしょうゆ鍋　98
- みそ風味ポークソテー　105
- じゃがいものり塩バター　115
- ささみのマヨ揚げ焼き　116
- ソース肉じゃが　120

ズッキーニ
- 豚肉とズッキーニのソテードレッシングがけ　51
- 鶏もも肉とズッキーニのソテー　80

セロリ
- 豚こまとセロリのしょうが炒め　9
- 豚もも肉とセロリのしょうゆ炒め　78
- セロリの甘酢みそあえ　102

大根
- さわらの塩焼き　香味大根おろし添え　46
- こんがり大根と牛こまの韓国風スープ　61
- 豚汁　71
- マーボー大根　100
- 炒め大根のスープ　121

玉ねぎ
- 親子丼　19
- 玉ねぎ入り牛丼　22
- 豚こまと豆苗のソテー　玉ねぎだれ　42
- 玉ねぎの甘酢みそ煮　101
- ハッシュドビーフ風　112
- ソース肉じゃが　116
- チーズタッカルビ　123

チンゲン菜
- さけとチンゲン菜の豆乳鍋　74
- 厚揚げとチンゲン菜の中華煮　84

豆苗
- 豚こまと豆苗のソテー　玉ねぎだれ　42
- 豆苗のコンソメスープ　86

とうもろこし
- 牛肉ととうもろこしのにんにくみそ炒め　27

トマト
- 鶏肉とトマトの蒸し煮　31

にんじん
- お煮しめ　38
- 和風オープンオムレツ　38

にら
- マーボーなす　26
- ホイコーロー風肉野菜炒め　30
- レンチンむね肉のにら酢みそがけ　49
- 豚にら玉みそチャーハン　69

なす
- 豚こまとさつまいものみそケチャップ炒め　26
- なすの甘みそ炒め　34
- 豚バラ肉となすの香味みそがけ　95

長ねぎ
- 豚汁　61
- 豚玉炒め　64
- かじきのソテー　ピーマンだれ　65
- こんがり大根と牛こまの韓国風スープ　71
- ねぎの甘酢くたくた煮　74
- さけとチンゲン菜の豆乳鍋　102
- 豚汁　113

パプリカ
- 鶏だんごと白菜のさっと煮　34
- 白菜とにんじんの甘酢漬け　36

ピーマン
- 長いも、ちくわ、わかめのサラダ　50

白菜
- やわらかチキンのトマト煮込み　9
- にんにくしょうゆ漬け　73

ミニトマト
- トマト、アボカド、モッツァレラのサラダ　51
- 牛肉のみそ炒めと春菊のサラダ　70
- トマトのマリネ　88

れんこん
- ぶりの酢豚風　41

もやし
- もやしのカレーみそ汁　76
- せん切りキャベツともやしの豚しゃぶ　107

水菜
- カリカリ油揚げと水菜のサラダ　50

ほうれん草
- ブロッコリーのきんぴら　20

ブロッコリー
- ピーマンのみそディップ　48
- 牛こまとブロッコリーの炒めもの　99

ピーマン
- かじきのソテー　ピーマンだれ　33
- 肉みそあえ麺　65
- いかとカラフル野菜のごまあえ　97

パプリカ
- パプリカとアスパラの焼きびたし　20
- パプリカのごま酢みそあえ　41
- ぶりの酢豚風　84
- かじきのソテー　ピーマンだれ　122

白菜
- 白菜のやわらか煮　36
- 白菜とにんじんの甘酢漬け　82
- 鶏だんごと白菜のさっと煮　104

長ねぎ
- にんじんのソムタム風　120
- にんじんのおかかみそあえ　116
- ソース肉じゃが　107
- 豚肉とにんじんのバター蒸し　86
- 豚肉とにんじんの甘酢漬け　82
- 鶏もも肉とにんじんのレモン蒸し　75
- 白菜とにんじんの甘酢漬け　71
- ミニトマトのにんにくしょうゆ漬け　52
- やわらかチキンのトマト煮込み　49

【豆腐・大豆加工品】

豆腐
- 冷ややっこの小松菜ドレッシングがけ　125

厚揚げ
- 厚揚げ、豚こま、小松菜のピリ辛みそ炒め　15
- 厚揚げとチンゲン菜の中華煮　84

油揚げ
- カリカリ油揚げと水菜のサラダ　50

高野豆腐
- お煮しめ　38

大豆
- 大豆とベーコンのみそトマト煮　73

切り干し大根
- 切り干し大根とにんじんのサラダ　52

コーンクリーム缶
- ジンジャーコーンスープ　90

パイナップル
- きゅうり、かぶ、パイナップルの甘酢漬け　46

春雨
- えびと春雨のサラダ　43

ひじき
- 和風オープンオムレツ　38

モッツァレラチーズ
- トマト、アボカド、モッツァレラのサラダ　51

わかめ
- みそ風味卵あんかけごはん　13
- 長いも、ちくわ、わかめのサラダ　50

【その他】
- ちらし寿司　45

近藤幸子 こんどうさちこ

料理研究家、管理栄養士。
宮城県出身。仙台の料理学校でアシスタントと講師を務めた後、料理研究家として独立。2004年に東京に拠点を移してからは、料理教室・雑誌・テレビ等へと活躍の場を広げる。6歳違いの姉妹2児の母でもある。近著に『調味料ひとつでラクうまごはん』（PHP研究所）『味が決まる! レシピがいらない中火で8分蒸し』（家の光協会）
https://oishisyumatsu.com

装丁	坂川朱音
本文デザイン	坂川朱音＋田中斐子（朱猫堂）
編集	三浦良江
撮影	野口健志
スタイリング	青野康子
校正	草樹社

「さ・し・す・せ・そ」だけでできる黄金比レシピ

2021年3月23日　第1刷発行

発行人	松井謙介
編集人	長崎 有
発行所	株式会社 ワン・パブリッシング
	〒110-0005 東京都台東区上野3-24-6
印刷所	大日本印刷株式会社
編集長	広田美奈子
企画編集	横山由佳

●この本に関する各種お問い合わせ先
本の内容については、下記サイトのお問い合わせフォームよりお願いします。
https://one-publishing.co.jp/contact/
不良品（落丁、乱丁）については業務センター　Tel 0570-092555
〒354-0045 埼玉県入間郡三芳町上富 279-1
在庫・注文については書店専用受注センター Tel 0570-000346